01775562176

ullstein

Das Buch

Der junge Krieger Madarejúwa Tenharim ist einer der letzten Herren des Amazonaswaldes. Sein traditionsreiches Volk umfasste einmal mehr als 10 000 Menschen, ist aber auf knapp 1000 geschrumpft. 2013 ist ihm der ZEIT-Journalist Thomas Fischermann zum ersten Mal auf einer Expedition begegnet. Seither ist er mehrfach pro Jahr in die Gegend gereist, wurde als erster Weißer zu heiligen Stätten des Volkes geführt, hat am Leben der Tenharim teilgenommen und hunderte Stunden Interviews geführt und aufgenommen – mit Madarejúwa selbst, den Häuptlingen, Heilern und den Stammesältesten. *Der letzte Herr des Waldes* ist aus der Ich-Perspektive des Protagonisten Madarejúwa erzählt – aufgeschrieben von Thomas Fischermann. Aus erster Hand erfahren wir von einem uralten Verständnis der Balance zwischen Mensch und Natur.

Der Autor

Madarejúwa Tenharim, geboren 1996, ist ein Krieger vom Clan der Mutum und vom Volk der Tenharim. Er wurde ungewöhnlich früh von den Häuptlingen als begabter Bogenschütze entdeckt und erhielt schon mit acht Jahren die Erlaubnis auf große Tiere wie Tapire und Wildschweine zu schießen.

Thomas Fischermann, geboren 1969, ist für die ZEIT in Südamerika. Seit 2013 lebt er in Rio de Janeiro. Zuvor arbeitete der studierte Ökonom, Sozial- und Politikwissenschaftler für die ZEIT in London und New York sowie als Koordinator der internationalen Wirtschaftsberichterstattung von Hamburg aus. Für Beiträge in der ZEIT erhielt Fischermann u.a. den Deutschen Journalistenpreis.

Madarejúwa Tenharim und Thomas Fischermann

Der letzte Herr des Waldes

Ein Indianerkrieger aus dem Amazonas erzählt
vom Kampf gegen die Zerstörung seiner Heimat
und von den Geistern des Urwalds

Ullstein

Besuchen Sie uns im Internet:
www.ullstein-buchverlage.de

MIX
Papier
FSC® C083411

Lizenzausgabe im Ullstein Taschenbuch
1. Auflage September 2019
2. Auflage 2019

Umschlaggestaltung: zero-media.net, München,
nach einer Vorlage von Kunst oder Reklame, München
Titelabbildung: © Thomas Fischermann
Innenabbildungen: 27 Abb. © Thomas Fischermann;
2 Karten © Peter Palm, Berlin
Satz: Fotosatz Amann, Memmingen
Gesetzt aus der Constantia
Druck und Bindearbeiten: CPI books GmbH, Leck
ISBN 978-3-548-37800-8

Für Daniel

Inhalt

1.

Ich bin Madarejúwa

Magst du mir folgen? Hier entlang. Ich will dir etwas zeigen. Du musst aber tun, was ich dir sage. Vertraust du mir? Gut. Sei still, ganz leise. Mach einen Schritt nach vorn und bleib dann stehen. Beweg dich nicht mehr. Spann deine Muskeln an und halte den Atem an. Jetzt sag mir, wo du hier bist.

Du stehst auf einer Waldlichtung, ja, da hast du recht. Aber hast du auch die Affen bemerkt? Richtig, da oben, dort sitzt einer von ihnen. Ich habe schon elf in drei Gruppen gezählt. Ein starker Geruch liegt in der Luft, ein wenig bitter, das ist ein Wildschwein, riechst du es auch? Wir können seine Spur verfolgen und es jagen gehen.

Wenn du still wirst, kannst du alles wissen. Dann hat der Wald keine Geheimnisse vor dir. Aber ich glaube, du bist noch taub und blind. Du atmest laut, riechst stark. Der Boden zittert, wenn deine Füße ihn berühren.

Lass uns weitergehen. Vielleicht kannst du noch lernen. Lauf hinter mir und schau dir ab, wie man sich im Wald bewegt. Kannst du die Füße abrollen, leise, sieh her, so wie ich?

Lass mich pfeifen, das Volk der Tenharim kennt die Sprache der Tiere. *Piu-u-u-u-ieeeee!* Dann werden sie antworten und wir können mehr über sie erfahren. Hörst du? Einer pfeift zurück. «Amigo» hat er gesagt. Ha! Das muss dir gegolten haben. Der Affe da oben ist dein Freund.

Ein Hirsch war hier, er hat an der Wasserstelle getrunken. Vorne im Gebüsch sitzt ein Gürteltier. Mach dir keine Sorgen, nichts Gefährliches droht dir an diesem Ort. Der Boden ist sauber, die Adler stehen am Himmel. Hier wirst du mitten am Tag keiner Schlange begegnen.

Ich bin Madarejúwa, ein Krieger vom Volk der Tenharim. Den gleichen Namen haben andere Männer vor mir getragen, große Jäger, weise Häuptlinge und Eroberer. Ich bin stolz darauf, es ist ein guter Name. Die Tenharim haben viele Kriege geführt und stets gewonnen. Heute sind unsere Gegner die Weißen.

Nein, nicht du. Nicht alle. Du bist ein Gringo, nicht von hier. Ich spreche von den Weißen, die eine Straße durch unser Land gebaut haben, über die Gräber unserer Toten hinweg. Jetzt dringen sie wieder ein und fällen die Bäume. Sie quälen die Tiere und schürfen im Boden nach Metall.

Wir werden uns wehren. Ich werde mich wehren. Ich bin einundzwanzig Jahre alt und bereit, für die Verteidigung meines Volkes zu sterben. Doch ich werde nicht sterben. Ich kenne die Gesänge der Tenharim. Die Ältesten haben mir alles beigebracht, was ich brauche, um gegen unsere Feinde zu bestehen. Ich war schon nahe an ihren Lagern im Wald, wo sie mit Feuerwaffen standen. Mit meinen Pfeilen hätte ich sie treffen können, so dicht stand ich nebendran, und sie haben mich nicht gesehen, nicht gehört. Wir Tenharim wissen, wie man sich unbemerkt im Wald bewegt. Wir sind ein friedliches Volk und wollen mit allen in Frieden leben. Doch wenn es einen Krieg gibt, werden wir ihn gewinnen.

Früher gab es hier einen Ort, er hieß Pagão. So hat ihn ein Missionar genannt. Pagão bedeutet «großes Dorf der Heiden». Es gibt noch einen anderen, wahren Namen, aber den werde ich dir nicht verraten, noch nicht. Ich muss erst die Älteren fragen, ob ich es darf. Das geht nicht gegen dich, es hat einen Grund. Die

Geheimnisse der Tenharim sollen nicht an unsere Feinde fallen, die uns zerstören wollen.

Ich habe dich hergebracht, weil du die Geschichten meines Volkes verstehen sollst. Darüber haben wir viel zu sprechen. Wir sind jetzt nicht mehr weit vom Ursprung der Welt, dem ältesten Teil des Waldes, wo die Erinnerung beginnt. Hier spielen die Geschichten aus der alten Zeit. Die Großeltern erzählen sie uns, und sie haben sie selber von ihren Großeltern gehört. Sie sagen, dass Gott in dieser Gegend die Bäume, die Tiere und das Volk der Tenharim erschaffen hat.

2.

Reise an den Ursprung der Welt

2013 begegnete ich den Tenharim zum ersten Mal. Ich war damals in einem Rechercheteam aus zwei Journalisten, einem Fotografen und einem Waldführer im Amazonasgebiet unterwegs und suchte nach den Spuren eines Krieges. Das *ZEIT Magazin* hatte uns gebeten, über Zusammenstöße zwischen Holzfällerbanden und Amazonasvölkern zu berichten,[1] weil diese seit vier, fünf Jahren erneut eskalieren. Auch die Abholzung des tropischen Regenwaldes hat in dieser Zeit wieder stark zugenommen, nachdem es zu Beginn des Jahrtausends vorübergehend ein paar Erfolge für den Umweltschutz gab.[2] Diese beiden Phänomene hängen zusammen. Viele indigene Völker[3] bangen heute um ihr Überleben, weil sie den Holzfällern im Wege stehen.

Wir hatten damals noch nicht viel Erfahrung mit solchen Reportagen. Unser gemieteter VW-Gol, eine sparsame brasilianische Kleinfassung des deutschen Golfs ohne den Buchstaben «f» am Ende, erwies sich rasch als ungeeignet: Mit den riesigen Distanzen am Amazonas ist nicht zu spaßen. Ein Ort, der auf der Karte ganz nah aussieht, kann in Wirklichkeit eine Tagesreise entfernt liegen, und so holperten wir Stunden um Stunden schlecht gefedert auf schlammigen Lehmtrassen durch den Wald. Wir fluchten über die kollabierende Klimaanlage und wichen Straßenlöchern aus, in denen unser Fahrzeug komplett hätte verschwinden können. Nachts blieben wir in Motels für Lastwagenfahrer oder in unseren mitgebrachten Hängematten, die wir in

Hütten und unter Bäumen aufknüpften. Der Kofferraum war vollgepackt mit Proviant, Toilettenpapier und Moskitospray.

Die langen Fahrten hatten auch einen Vorteil, denn sie machten uns eines klar: Es stimmt, was wir zuvor auf Satellitenfotos gesehen haben. Der Wald ist auf dem Rückzug. Man kann heute stundenlang durch das Amazonasgebiet fahren, wo früher noch Urwald stand, und durch die Wagenfenster nichts als Weiden und Sojapflanzungen sehen, bis an den Horizont.

Zusammenhängende Waldstücke findet man am Amazonas vor allem noch in den Indianergebieten – dort, wo indigene Völker ihre Heimat verteidigen.[4] Auch sie kann man auf den Satellitenfotos gut erkennen, als dunkle Flecken aus dichten Baumkronen, durchschlängelt von Flüssen. Ringsherum zeigen die Aufnahmen die Karos landwirtschaftlicher Betriebe auf entwaldeten Flächen. Brasilien gilt als der größte Waldvernichter der Welt. In den vergangenen fünfundvierzig Jahren wurde dort ein Fünftel der Amazonasbäume umgesägt, was einer kahlgerodeten Fläche so groß wie zweimal Deutschland entspricht. Ein weiteres Fünftel ist ausgedünnt und schwer beschädigt. Im Augenblick liegen die Steigerungsraten bei der Abholzung pro Jahr mal bei 20, 40, 50 Prozent.[5] Als wir 2013 unsere Reportage vorbereiteten, erklärten uns Klimaschützer, dass das Amazonasgebiet der größte Wasserspeicher des Planeten und ein gigantischer Vernichter von Treibhausgasen sei, doch neuerdings funktioniere der Wald nicht mehr richtig. Die grüne Lunge der Welt gerate außer Atem. Anderswo auf dem Planeten seien deshalb nun Überschwemmungs- und Dürrekatastrophen zu erwarten.

Unser Rechercheteam war damals schon eine gute Woche im südlichen Amazonasgebiet unterwegs, als uns eine Nachricht aufschreckte. Im Radio hieß es, dass ein Indianervolk namens Ten-

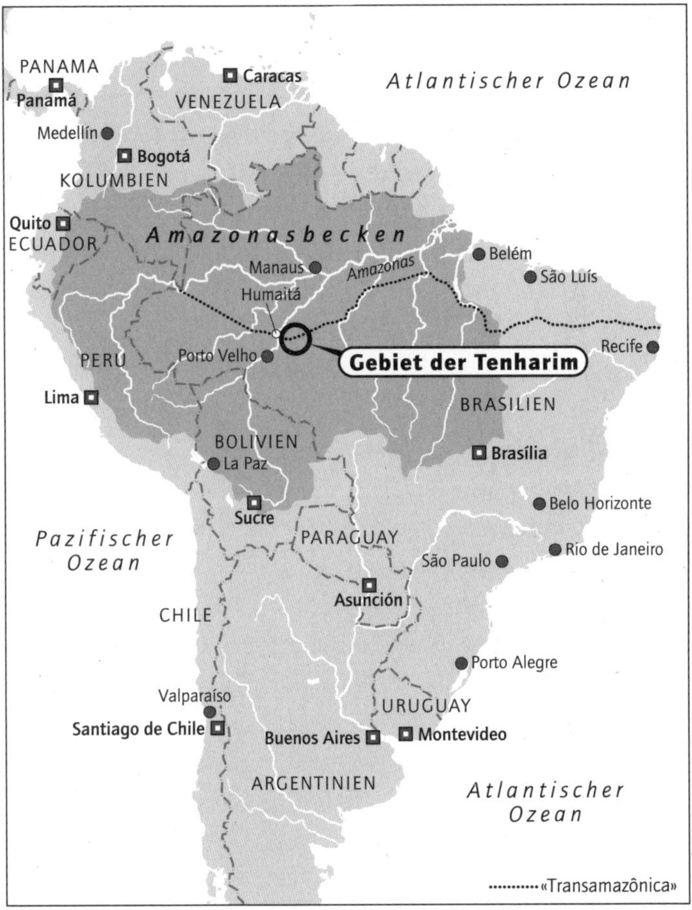
PANAMA
Panamá
Caracas
VENEZUELA
Atlantischer Ozean
Medellín
Bogotá
KOLUMBIEN
Quito
ECUADOR
Amazonasbecken
Manaus
Amazonas
Belém
São Luís
Humaitá
Porto Velho
Gebiet der Tenharim
Recife
PERU
Lima
BRASILIEN
BOLIVIEN
La Paz
Brasília
Sucre
Belo Horizonte
Pazifischer Ozean
PARAGUAY
São Paulo
Rio de Janeiro
Asunción
CHILE
Porto Alegre
Valparaíso
URUGUAY
Santiago de Chile
Buenos Aires
Montevideo
ARGENTINIEN
Atlantischer Ozean
«Transamazônica»

harim erneut damit begonnen habe, brasilianische Siedler zu ermorden. Mitten durch das Stammesgebiet der Tenharim führt die Transamazônica, eine Fernstraße aus Lehm, die in den siebziger Jahren 4223 Kilometer weit von West nach Ost durch den brasilianischen Regenwald gebaut wurde – und genau dort wurden nun offenbar drei Männer, zwei Weiße und ein Schwarzer aus den umliegenden Siedlungen, in ihrem Auto erschossen. Die Polizei fand ihre Leichen später verscharrt auf dem Stammesgebiet der Tenharim. Sie steckte fünf Krieger des Volkes ins Gefängnis.

Die Ereignisse waren für unsere Reportage interessant, denn die Gegend rings um das Stammesgebiet der Tenharim gilt als Abholzungs-Hotspot. Die Transamazônica ist einer der wichtigsten Transportwege für legal und illegal geschlagenes Holz. Wir fuhren hin – einen Tag und eine Nacht lang –, um das wehrhafte Volk zu besuchen. Doch als wir ankamen, war alles abgesperrt. Soldaten sicherten die Straße, Hubschrauber kreisten in der Luft. Die brasilianische Regierung wollte beide Seiten voreinander schützen, denn in den Nächten zuvor waren Lynchmobs weißer Siedler vor die Dörfer der Tenharim gezogen, hatten Hütten und sogar den Außenposten der staatlichen Indianerschutzbehörde in Brand gesteckt.

Im ersten Anlauf hielten die Sicherheitskräfte auch uns Journalisten davon ab, das Gebiet der Tenharim zu betreten, doch Leute von der Indianerschutzbehörde organisierten später ein heimliches Treffen mit Anführern des Volkes. Die Situation war angespannt. Die Tenharim bestritten die Morde, und sie sprachen eine Einladung aus: Ich solle sie besuchen kommen, in ein paar Monaten, wenn die Lage sich wieder beruhigt habe. Dann könne ich die Wahrheit über ihr Volk erfahren, über ihre jahrtausendealte Kultur und ihren bitteren Kampf gegen weiße Siedler.

Am Ende bin ich immer wieder hingefahren. Die Lokalpresse im südlichen Amazonas und die nationalen brasilianischen Medien berichteten, wenn überhaupt, aus feindlicher Perspektive über die «mörderischen» Tenharim. Ich dachte mir: Wenn ich schon ihrer Geschichte auf den Grund gehen wollte, dann richtig. Ich wurde zum Frequent Flyer auf der Strecke zwischen Rio de Janeiro und der Amazonasmetropole Porto Velho. Ich lernte aus vergangenen Fehlern und mietete dicke Trucks mit Vierradantrieb und bruchfesten Achsen. Wochenlange Recherchetrips und ganze Urlaube verbrachte ich bei den Tenharim, später habe ich die Expeditionen für dieses Buch durchgeführt. Ich wollte verstehen, was die Tenharim in diese verzweifelte Auseinandersetzung trieb, und sehen, ob sie dabei überleben können.

Bei einer dieser ersten Reisen lernte ich Madarejúwa kennen, den jungen Krieger, der auf diesen Seiten seine Geschichte erzählt. Er war damals neunzehn Jahre alt, und im Gegensatz zu einigen anderen Mitgliedern seines Volkes sprach er nicht viel. Sein Großvater und der Häuptling legten aber vertrauensvoll und mit großer Selbstverständlichkeit unsere Exkursionen in die Verantwortung des jungen Mannes, und dieser plante sie mit großer Ruhe und Ernsthaftigkeit: zu Wasserfällen, in alte Dörfer und in jene Gegenden des Waldes, die die Tenharim als den Ursprung ihrer Welt ansehen. Mit tiefer Loyalität sprach er über seine Kultur und sein Volk. Unter den Tenharim galt er als ein Ausnahmetalent, als ein Meisterschütze, der schon im Alter von acht Jahren in den Stand eines Kriegers erhoben wurde. Er war ein Heranwachsender mit guten Aussichten, ein «Meister der Kultur» zu werden, der sich auf die traditionelle Pflanzenkunde genauso versteht wie auf die Konstruktion tödlicher Pfeile aus Bambus, Arafedern und Curaregift.

Man darf seine Jugend nicht aus den Augen verlieren: Madarejúwa ist weder ein mächtiger Mann in seinem Volk noch ein weiser alter Schamane. Während unserer Gespräche erinnerte er mich häufig daran, dass ihm noch die Erfahrung fehle, um mir bestimmte Antworten geben zu können. Da solle ich bitte die Häuptlinge und die Alten fragen – und das haben wir, in der Regel gemeinsam, gemacht.

Diesem Buch liegen also viele hundert Stunden Gespräche mit Madarejúwa zugrunde, aber auch mit seinen Häuptlingen und den alten Meistern der Kultur. Häufig haben wir einfach im Schein des Feuers an irgendeiner Lichtung gesessen und in einer großen Gruppe von Männern über den Wald und seine Geister gesprochen. Wir haben Madarejúwas Großvater Kikí auf seiner Holzveranda besucht und im Kreis der Großfamilie den alten Geschichten gelauscht. Kikí ist einer der angesehensten Männer bei den Tenharim. Madarejúwa begreift ihn als seinen wichtigsten Lehrer.

Die Tenharim bewahren das Wissen über den Umgang mit der Natur großteils in solchen Geschichten auf. Zu ihren Mythen und Erzählungen gehört zum Beispiel die *yporokweruhua* (Seite 87): die große Überschwemmung des Waldes. Von allen Geschichten gibt es unterschiedliche Erzählversionen in deutlich variablen Längen, und die ausführlicheren von ihnen enthalten lange Listen von Pflanzen, Orten und landwirtschaftlichen Methoden. Beim Erzählen und beim Zuhören wird das alte Wissen aufgefrischt. Viele Geschichten der Tenharim versinnbildlichen auf sehr direkte Weise ökologische Zusammenhänge und Verantwortlichkeiten. Andere erinnern an frühere Missgeschicke des Menschen im Umgang mit der Natur. Für die Nachfahren werden sie als Mahnung lebendig gehalten.

Man kann diese Geschichten also, unter anderem, als eine Gebrauchsanweisung für den Regenwald verstehen. Als ein forstwirtschaftliches Handbuch, dessen Erstauflage aus der Vorzeit stammt.

Madarejúwa hat sich geschworen, dass er sein Volk im 21. Jahrhundert zum Sieg gegen seine Feinde führen will. Als sein Begleiter auf unseren Streifzügen durch das Tenharim-Reservat konnte ich begreifen, woher die Entschlossenheit rührt. Wenn dieses Stück Natur stirbt, sterben auch die Tenharim. Aus dem Wald beziehen sie ihre Nahrung und ihre Naturheilmittel. Womöglich ließen diese sich noch durch Einkäufe in der Stadt ersetzen, doch der Umgang mit der heimischen Natur verleiht Madarejúwa auch seine Identität. Ohne den Wald wüsste er nicht, wer er ist. Die alten Erzählungen und die Praktiken seiner Kultur ergeben nur hier einen Sinn.

Dieses Buch ist Madarejúwas Geschichte: die Erfahrungen eines jungen Mannes, der in eine jahrtausendealte Kultur hineingeboren wurde – um beim Heranwachsen festzustellen, dass ihr entscheidender Überlebenskampf begonnen hat.

3.

Nhandyvuhua – Der Weg in die Kastanienhaine

Ich binde das Boot hier vorne fest. Wir gehen an Land. Klettere die Böschung hinauf, so wie ich! Viele Stunden lang sind wir auf dem Marmelos-Fluss gefahren, gegen den Strom, nach Süden hin. Mein Volk will, dass ich dir etwas zeige, aber ich muss dich warnen. Es gibt nicht mehr viel zu sehen – nur noch den Wald, den Fluss und diese Lichtung. Doch du solltest wissen, dass meine Vorfahren hier ihr Leben verbracht haben. Sie wohnten nicht an dem Ort, an dem wir uns begegnet sind, in der Nähe der Straße, wo du dein Auto abstellst. Sie wohnten hier, wo wir jetzt stehen.

Lange ist Pagão der wichtigste Ort der Tenharim gewesen. Mein Großvater Kikí ist an dieser Lichtung aufgewachsen, da war Pagão noch ein großes Dorf, das größte der Tenharim. Drüben stehen ein paar Pfähle, sie sind aus einem besonders festen Holz gemacht, einem speziellen Holz, nur diese Art Holz kann so viele Jahre überdauern. Die anderen Teile der Häuser verrotten schnell. Du musst sie dir vorstellen. Die Querstreben waren mit Knoten aus Schlingpflanzen[6] festgemacht und die Dächer mit Wedeln der Babassu-Palme[7] gedeckt. Pagão war ein großes Dorf, in dem vierzig Menschen wohnten. Es gab auch ein Rundhaus für die Feste und ein anderes Haus für das Rösten von Maniokmehl.

Jetzt wohnen hier bloß noch die Geister. Pagão ist ein Ort aus der alten Zeit. Die Alten sagen, es ist auch ein heiliger Ort. Überall sitzen Vorfahren in ihren Gräbern unter der Erde. Es hat viele Tote gegeben in Pagão, als die Weißen kamen. Von zwanzig Toten könnte ich dir die Namen sagen, aber ich kenne mich nicht gut aus, es sind viel mehr.

Ja, richtig, dort vorne stehen Kreuze im Wald, aus Ästen und Eisennägeln. Früher machten wir solche Kreuze nicht, unsere Toten wurden anders begraben. Meine Vorfahren beerdigten die Toten im Sitzen, in einem Loch unter ihren Häusern. Sie balsamierten sie mit gestoßenen Samen der Pflanze *urucum*[8] und wickelten sie in ihre Hängematte ein. Ein Meter Erde drüber, das war's. Was dem Toten gehörte, wurde unter den Verwandten verteilt, die Familien hatten sogar ein Recht darauf! Jeder konnte sich etwas nehmen, nur die Pfeile nicht, sie wurden zerbrochen und dann verbrannt. So haben sie es mit den Toten gemacht.

Heute stehen die Kreuze hier. Die Missionare haben viel verändert, sagen die Alten. Sie haben sich in unser Leben eingemischt und sogar in die Gräber der Toten. Sie haben diesen Ort «das große Dorf der Heiden» genannt, obwohl er in Wahrheit anders heißt.

Lass uns weitergehen. *Iiii,* pass auf, wohin du trittst! Es ist besser, ich gehe vor, sonst verhakst du dich im Gebüsch. Wir machen es jetzt so: Ich schlage den Weg mit der Machete frei, und du kommst hinterher. Lauf nicht zu schnell. Halte den Blick nach unten. Der Boden ist von Blättern und Schlingpflanzen bedeckt. Wenn du nicht hinschaust, kann es tückisch sein. Tiere graben tiefe Löcher, du kannst hineintappen, dein Fuß bleibt stecken und du wirst verletzt. Schlag ruhig weiter nach den Moskitos, doch, ich finde, es sieht lustig aus. Du kannst nichts gegen sie machen. Ich kann die Moskitos auch nicht leiden. Sie werden uns sowieso stechen.

Im Wald gibt es Dinge, die man nicht sehen kann. Keiner kann sie sehen, ich auch nicht, man muss aber von ihnen wissen. Du musst verstehen, dass dieser Ort nicht tot ist, obwohl hier keiner mehr wohnt. Er hat immer noch ein Leben. Jedes Jahr läuft ein Teil meines Volkes hier entlang. Pagão ist eine Kreuzung vieler Pfade, man schlägt sie mit der Machete frei, so wie jetzt wir. Der Wald wächst schnell wieder zusammen, deshalb kannst du die Wege nicht sehen. Aber ich kann dir sagen, wohin sie führen.

Schau dort hinüber! Dort beginnt ein Pfad, der sehr wichtig ist. Wenn du fünf bis sieben Tage lang in diese Richtung läufst, kommst du in Marmelos an. Das ist das Dorf, das an der Fernstraße liegt. Marmelos ist größer, als Pagão es früher war. In Marmelos leben fast zweihundert Menschen, hier sind es nur etwa vierzig gewesen. Die anderen wohnten im Wald verteilt. Aber damals war Pagão das größte Dorf.

In Richtung Süden erreichst du das Quellgebiet des Marmelos-Flusses. Auch das ist noch weit, sogar mit Motor dauert es einen ganzen Tag. Dort ist der Wald zu Ende, du erreichst die Sümpfe, viele Bäche und Seen. Dort gibt es auch Quellen mit frischem Wasser. Ich fische und jage dort gern. Das Land ist flach, du kannst weit blicken. Wir wissen, dass die Tiere zum Trinken immer die gleichen Stellen aufsuchen. Viele Wochen und Monate verbringe ich in den Sümpfen, kommt immer darauf an, welche Tiere man trifft. Eine Jagd kann lange dauern. Doch ich muss dich warnen, die Sümpfe sind gefährlich, es gibt dort Kaimane und Riesenschlangen. Die Sümpfe sind nichts für einen Gringo wie dich.

Im Land der Tenharim gibt es den schwarzen Fluss und den weißen Fluss. Doch der Marmelos ist der wichtigste Fluss, die anderen zweigen von ihm ab. Auf dem Marmelos kannst du bis an den nördlichen Rand unseres Landes fahren, es dauert zwei

Tage lang mit einem Boot. Am Ende triffst du andere Völker wie die Pirahã.

Du kannst den Marmelos aber nicht ganz befahren, er ist von Wasserfällen unterbrochen. Später wollen wir das machen, dann werden wir das Boot auf die Schultern laden und zu Fuß auf die andere Seite klettern. Es wird anstrengend, richte dich darauf ein, aber die Reise ist schön. Wenn du einige Stunden fährst, wird der Fluss breiter, die Bäume wachsen höher und der Wald wird dichter. Du wirst auch Lichtungen mit Feldern sehen, wo meine Verwandten Maniok und Mais anbauen. Es gibt spezielle Orte, wo Açaí-Palmen wachsen und das Schilf für die Pfeile und Flöten, heilende Kräuter und das Baumaterial für unsere Häuser. Überall führen Pfade und Bachläufe hin, die du nur finden kannst, wenn du sie kennst.

Verstehst du es jetzt? Es ist wichtig, die Wege zu kennen. Du musst wissen, wohin sie führen und wie lange du unterwegs sein wirst. Wenn du jagst, erwarten die anderen dich an einem bestimmten Tag zurück. Wenn du verloren gehst, wenn du zu lange fortbleibst, kommen sie dich suchen. Deshalb brechen wir unterwegs Zweige ab, damit die Verwandten uns finden können. Wenn du ein Tier geschossen hast, musst du entscheiden, wie lange du noch warten kannst, bevor du ins Dorf aufbrichst. Das Fleisch soll frisch sein, wenn du es erreichst.

Wenn die Zeit der Kastanienernte[9] kommt, ziehen die Tenharim nach Pagão und an die anderen Orte, wo früher die Alten lebten. Die *nhandyvuhua,* unsere Kastanienhaine, stehen nahe an den alten Dörfern. Ganze Familien ziehen in den Wald und bleiben wochenlang in dieser Gegend, alle leben gemeinsam und helfen bei der Ernte. Das muss gut vorbereitet sein. Zum Beginn des Jahres werden die Boote geflickt. Die Frauen reparieren Säcke,

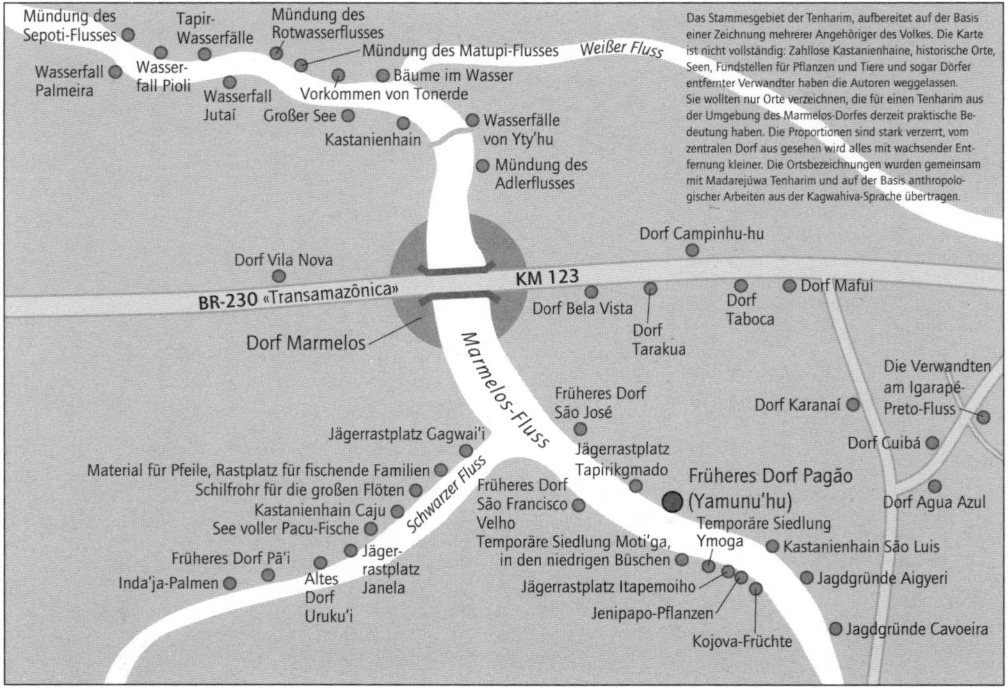
Das Stammesgebiet der Tenharim, aufbereitet auf der Basis einer Zeichnung mehrerer Angehöriger des Volkes. Die Karte ist nicht vollständig: Zahllose Kastanienhaine, historische Orte, Seen, Fundstellen für Pflanzen und Tiere und sogar Dörfer entfernter Verwandter haben die Autoren weggelassen.
Sie wollten nur Orte verzeichnen, die für einen Tenharim aus der Umgebung des Marmelos-Dorfes derzeit praktische Bedeutung haben. Die Proportionen sind stark verzerrt, vom zentralen Dorf aus gesehen wird alles mit wachsender Entfernung kleiner. Die Ortsbezeichnungen wurden gemeinsam mit Madarejúwa Tenharim und auf der Basis anthropologischer Arbeiten aus der Kagwahiva-Sprache übertragen.
Mündung des Sepoti-Flusses
Tapir-Wasserfälle
Mündung des Rotwasserflusses
Mündung des Matupi-Flusses
Weißer Fluss
Wasserfall Palmeira
Wasserfall Pioli
Wasserfall Jutaí
Bäume im Wasser
Vorkommen von Tonerde
Großer See
Kastanienhain
Wasserfälle von Yty'hu
Mündung des Adlerflusses
Dorf Campinhu-hu
Dorf Vila Nova
KM 123
BR-230 «Transamazônica»
Dorf Bela Vista
Dorf Tarakua
Dorf Taboca
Dorf Mafui
Dorf Marmelos
Marmelos-Fluss
Die Verwandten am Igarapé-Preto-Fluss
Früheres Dorf São José
Dorf Karanaí
Dorf Cuibá
Jägerrastplatz Gagwai'i
Jägerrastplatz Tapirikgmado
Material für Pfeile, Rastplatz für fischende Familien
Schilfrohr für die großen Flöten
Schwarzer Fluss
Früheres Dorf São Francisco Velho
Früheres Dorf Pagão (Yamunu'hu)
Dorf Agua Azul
Kastanienhain Caju
See voller Pacu-Fische
Temporäre Siedlung Ymoga
Kastanienhain São Luis
Temporäre Siedlung Moti'ga, in den niedrigen Büschen
Früheres Dorf Pã'i
Jäger-rastplatz Janela
Inda'ja-Palmen
Altes Dorf Uruku'i
Jägerrastplatz Itapemoiho
Jagdgründe Aigyeri
Jenipapo-Pflanzen
Jagdgründe Cavoeira
Kojova-Früchte

und jede Familie bereitet genug Proviant vor, besonders Farinha-Mehl aus geröstetem Maniok. Unter den Kastanienbäumen liegen runde Hülsen. Die sammeln wir ein und bringen sie auf einen Stapel. Wir brechen sie mit Macheten auf und pulen die Kastanien heraus. Alle arbeiten mit, Männer, Frauen und Kinder.

Ich sage dir, diese Säcke werden ganz schön voll! Und schwer! Wir bringen sie bis zu unserem Lager am Fluss, waschen die Kastanien im Wasser, sortieren die schlechten aus und legen die guten zum Trocknen auf Blättern in der Sonne aus. Wir jagen auch Wildschweine,[10] Tapire und Affen. Wir fahren mit Kanus über die Flüsse, angeln und schießen große Fische mit Pfeilen. Aus den Herzen der Babassu- und Inda'ja-Palmen machen die Frauen ein Salz,[11] sie verkohlen es und geben es zum Essen dazu. Wir sammeln Früchte und Hölzer, Açaí, Kakao, die bittere Cupuaçu-Frucht und die süße Uixí.[12] Die kennst du nicht? Dort drüben kannst du eine abreißen. Such dir eine aus, die schön orangefarben leuchtet. Probier sie einfach, pule die harte Schale mit den Fingernägeln ab und beiß hinein. Nicht zu fest, die Uixí hat wenig Fruchtfleisch und einen großen Kern. Ha! So guckt jeder, der zum ersten Mal eine Uixí probiert. Schmeckt sie dir? Du siehst zufrieden aus. Die Uixí ist die beste Frucht im Regenwald. Die Tenharim haben viele Uixí, der ganze Wald ist voll davon.

Es ist spät geworden, aber wir sind weit gekommen. Dieser Ort heißt São Luis. Hier steht der älteste Kastanienhain der Tenharim. Wir sollten ein Lager aufschlagen, bevor die Sonne untergeht. Lass uns die Hängematten dort vorne an den Pfählen aufspannen. Tupajakuí, der Häuptling von Marmelos, hat sie für seine Familie und alle Durchreisenden aufgestellt. Mach schnell, bevor es dunkel wird! Wir haben Glück, sie sind sogar mit Palmblättern gegen den Regen bedeckt. Wir zünden ein Feuer an. Lass uns die Holzscheite anstecken und kräftig pusten. Das Holz ist feucht, aber es wird trotzdem brennen, das ist gut gegen Moskitos, und wir brauchen einen Herd.

Es gibt einen Braten. Ich habe eine Überraschung für dich. Hast du den Schuss gehört, als ich eben in den Wald gegangen bin? Ich habe uns einen Affen gejagt, da drüben liegt er, in der Plastiktüte. Er ist mir vor die Flinte gelaufen. Ich habe ihn gesehen und abgedrückt.

Jetzt schau mich nicht so an! Es ist ein Kapuzineraffe,[13] *arimbare*, ein Weibchen. Kapuziner eignen sich gut für den Grill. Du fragst, warum ich ihn mit der Flinte geschossen habe und nicht mit meinem Pfeil? Manchmal ist das praktischer, wenn man bloß schnell etwas Essen braucht. Du hast recht, Pfeile sind auch schnell, eigentlich sind sie genauso schnell. Ich finde, es ist eine Geschmackssache. Ein kleines Tier jage ich ab und zu mit der Flinte, für ein großes benutze ich unbedingt einen Pfeil. Wenn ein Tier von einem Pfeil getroffen wird, kann es nicht mehr laufen. Das Gift dringt in seine Adern ein und es stirbt auf der Stelle. Es kommt nicht mehr voran, wenn es einmal getroffen ist, selbst bei einem Streifschuss nicht, bei einem Kratzer. Seine Muskeln sind dann gelähmt und sein Atem setzt aus.

Mit einem Pfeil brauchst du nur einen Schuss, aber mit einem Gewehr musst du vielleicht mehrfach schießen. Dann kann es passieren, dass das Tier noch flüchtet. Wer weiß, wohin es rennt – da können Gefahren auf dich lauern. Du musst schnell laufen, kannst Fehler machen.

Das Gift, das wir auf die Spitzen unserer Pfeile streichen, ist unser Gift, unser eigenes Rezept. Meine Vorfahren haben es erfunden, es tötet sofort. Du kannst später meinen Großvater Kikí fragen, vielleicht verrät er dir, wie man es macht. Mein Großvater

Kikí jagt auch kleine Tiere immer mit dem Pfeil und nie mit dem Gewehr. Er sagt, er findet Feuerwaffen respektlos. Die Knallerei gefällt ihm nicht. Er glaubt, die Tiere müssen nach einem Gewehrschuss mehr leiden.

Entschuldige mich bitte für ein paar Minuten, wir wollen jetzt diesen Affen zubereiten. Haut abziehen, Eingeweide raus, dann rösten wir die Filetstücke und die Arme und Beine über dem Feuer. Es riecht gut. *I-kýa!*, ein fetter Affe! Ich sehe schon, es gefällt dir nicht, einen Affen zu essen. Was wäre dir lieber gewesen – ein Wildschwein zu schießen? Doch es ist nicht richtig, ein Wildschwein zu töten oder ein anderes großes Tier. Hier gibt es doch nur uns. Wir sind eine kleine Jagdgruppe, und von einer großen Beute bleiben Reste übrig. Es ist falsch, ein Tier zu töten, wenn wir es nicht ganz essen können. Dann müssen wir die Reste räuchern und für die Reise vorbereiten. Dafür ist heute keine Zeit.

Seit ich ein Kind bin, lerne ich, wie man jagt. Zuerst schenkte mein Großvater mir einen kleinen Bogen und Pfeile mit Spitzen aus Latexgummi, damit ich niemanden verletze. Später zog ich mit ihm durch den Wald und jagte an seiner Seite. Ich habe gelernt, wie man einen Bogen hält – ja, so, der Bogen senkrecht, du schaust über den Pfeil auf dein Ziel. Du gibst ihm seine Richtung mit den Fingern der linken Hand, dann ziehst du die Sehne zurück und lässt den Pfeil fliegen. Ganz schnell muss das geschehen. Du musst es können, wenn du ein Jäger sein willst.

Der Häuptling eines Dorfes entscheidet, wann ein Mann zum ersten Mal ein großes Tier erlegen darf, einen Tapir zum Beispiel. Bei einigen ist das mit vierzehn oder sechzehn Jahren der Fall, ich durfte es aber mit acht Jahren zum ersten Mal tun. Es reicht nicht, nur zu lernen, wie man schießt. Worauf willst du schießen, wenn du blind bist im Wald? Als Kinder lernen wir Tenharim, wo wir die Tiere finden, wo ihre Pfade verlaufen und wo sie sich verstecken.

Jedes Tier hat eine Lieblingsnahrung und seine liebsten Wasserstellen. Es hat bestimmte Tageszeiten, zu denen es sich bewegt, manche Tiere siehst du nur in der Nacht. Wir hören es in den Geschichten, die die Alten uns erzählen, über Mbaira, den Gott der Dinge der Erde, und über Boahã, unseren ersten Häuptling. Er war der beste Jäger, baute die tollsten Waffen für die Jagd und für den Krieg. Er erfand die Bemalungen, die uns unsichtbar machen. Als er starb, gab er seine Geheimnisse an die Jungen weiter, und bis heute erzählen die Tenharim die Geschichten aus der alten Zeit. Boahã lehrte die Tenharim sogar, mit den Ahnen zu reden, den Verstorbenen, und ihnen Fragen zu stellen.

Es gibt einen Ort im Wald, nicht weit von hier, an den uns die Alten führen. Wir lernen dort, mit Pfeil und Bogen umzugehen, erfahren die Geheimnisse der Jagd und des Krieges. An diesem Ort erscheinen uns auch die Geister, aber nicht jeder kann sie sehen, das können nur Schamanen. Ich habe noch nie einen Geist gesehen, aber schon einmal etwas am Körper gespürt. Ganz sicher bin ich mir aber nicht. Davon erzähle ich dir später mehr.

Für die Rituale und den Krieg bemalen wir unsere Körper mit Farbe. Nicht so wie heute, du siehst rote Striche auf meinem Rücken und an meinen Armen, das ist *urucum*. *Urucum* macht uns nur unsichtbar für die Tiere. Wenn ich es will, können sie mich nicht mal riechen. Ich kann zum *urucum* noch eine andere Mischung auftragen, sie wird aus Kräutern und Ameisen gemacht, überdeckt den Geruch eines Menschen. Jenipapo[14] und Babassu sind für den Krieg, sie färben den Körper schwarz.[15] Sie müssen nach den Regeln meines Volkes aufgetragen werden, damit sie wirken. Wir können später darüber sprechen, jetzt wollen wir zu Abend essen.

Hier hast du einen Arm. Er ist fest durchgebraten. Die schwarze Kruste kratzt du besser ab. Möchtest du Maniokmehl dazu? Magst du es scharf? Ich habe ein Fläschchen Tabasco mitgebracht. Wir Tenharim braten unsere Affen gut durch. Das Fleisch ist zäh, aber es wird dir schmecken. Wir haben ein schönes Feuer gemacht. Dieses Holz wird noch die ganze Nacht lang glühen.

Ich will dir etwas gestehen. Ich weiß schon einiges über die Jagd, aber ich muss noch viel mehr lernen. *Iii!* So viel! Ich finde mich gut im Wald zurecht, ich kann mich ernähren und kenne viele Pflanzen. Doch immer wieder finde ich eine, deren Namen ich nicht weiß. Ich stecke sie ein und zeige sie den Alten im Dorf, so haben sie es uns beigebracht. Ich kenne noch lange nicht die Regeln für jede Jahreszeit. Im Sommer gibt es hier keine Früchte, und zu meiner Ausbildung wird es gehören, trotzdem wochenlang zu überleben. Mit bloßen Händen! Nicht mal eine Flinte oder einen Pfeil dürfen wir mitnehmen. Ich weiß, im Wald findet man immer etwas zu essen. Man kann von Honig und Insekten leben, von den Maden unter der Rinde der Bäume, aber diese Erfahrung fehlt mir noch. Irgendwann kommen die Alten, unsere Großväter und Urgroßväter, und sagen zu uns Jüngeren: Wir gehen jetzt in den Wald und üben! Wann, das weiß man vorher nicht. Sie überraschen uns, einmal im Jahr, und nehmen uns an die alten Orte mit. Erst nach zwei, drei Wochen kehren wir zurück.

Ich habe gelernt, wie ich einen Bogen aus einer Wurzel schnitzen kann und wie man Pfeile macht. Ich kann aber noch nicht alle Arten von Pfeilen bauen. Es gibt so viele! Lange und kurze, für die Jagd von Fischen, großen und kleinen Tieren und für den Krieg. Bei einem Pfeil ist es wichtig, dass er leicht und ganz gerade ist. Er darf keine Krümmung haben, sonst fliegt er nicht. Dafür muss man wissen, wo im Wald die richtige Art von Schilfgras wächst, danach kommt es auf die Auswahl und den Zusammenbau an. Ich mag lange Pfeile, andere mögen kurze, das ist eine Frage des persönlichen Geschmacks. Ich habe meinen eigenen Stil. Ich jage nicht gerne in einer Gruppe. Wenn ich allein im Wald bin, kann ich noch stiller sein, dann entgeht mir nichts. Ich höre dem Wald zu, und er verrät mir alles, er lehrt mich die Dinge.

Es ist nichts Besonderes für einen Tenharim, wenn er gerne alleine jagt, eine Gewohnheit nur, viele machen es so wie ich. Bestimmte Tiere kann man aber nur in Gruppen jagen, Hirsche zum Beispiel oder einen *anta,* einen Tapir.[16] Das Töten ist nicht das Problem, ich kann auch ein großes Tier alleine schießen. Doch wie soll ich es allein nach Hause tragen? Drei oder vier Männer braucht man für einen Tapir. Er ist fast so groß wie eine Kuh, er hat viel Fleisch. Für ein Grillfest mit vielen Gästen empfehle ich immer einen Tapir.

Du fragst, ob das Jagen auch ein Wettbewerb ist. Ob der beste Jäger die besten Mädchen heiraten darf. *Rapaz!* Alter! Was soll ich dazu sagen? Ich habe schon gehört, dass es bei anderen Völkern so etwas gibt. Ist es bei dir in Deutschland so? Bei den Tenharim ist der Wettbewerb untereinander nicht so ausgeprägt. Bei unserem Jahresfest, der *mbotava*, nennt der Häuptling die besten Jäger vor dem Volk, das ist eine große Ehre. Früher, in der alten Zeit, bekam man vom Häuptling auch eine Braut. Das konnte vorkommen, habe ich gehört, aber es ist schon lange nicht mehr passiert. Heute bekommen wir ein Geschenk, eine Kette zum Beispiel oder einen Federschmuck.

Doch am Ende legen die Tenharim alles Fleisch auf einen Stapel. Danach wird es gerecht an die Familien verteilt. So ist es immer, wenn wir jagen. Viele bekommen etwas davon ab. Nein, unter uns gibt es nicht so viel Wettbewerb.

Geh schlafen. Bleib hier am Feuer, dieser Ort ist sicher. Scher dich nicht um die Geräusche im Wald. Ich brauche nicht viel Schlaf, werde umherstreifen, dabei kann ich dich nicht gebrauchen. Du musst Geduld haben und dich ausruhen. Sorge dich um nichts. Morgen haben wir viel vor, ich will dir vieles zeigen.

4.

Anhağa – Der Wald ist voller Seelen

Im Kastanienhain von São Luis lebte der große Schamane Porapití. Er hatte eine Frau und zwei Töchter. Die eine war ein Kleinkind und konnte bereits laufen, die andere wurde von ihrer Mutter in einer Schlinge aus Baumwolle getragen. Als die Mutter aus dem Wald ins Dorf zurückkehren wollte, sagte die ältere Tochter zu ihr: «Ich möchte eine Frucht probieren, dort drüben sehe ich sie hängen!» Die Mutter erlaubte es, dann schaute sie kurz weg. Als sie den Blick wieder hob, war die Tochter verschwunden.

Sie rief aus Leibeskräften nach ihr und suchte am Fluss und unter den Bäumen, voller Angst. Hatte jemand das Kind gestohlen? Waren Häscher vom Volk der Jiahui in diesen Wäldern unterwegs? Die Jiahui waren Erzfeinde der Tenharim, mit ihnen führten wir lange Krieg. Damals war eine Zeit voller Streit zwischen den Völkern.

Einmal hörte die Mutter die Stimme ihrer Tochter, aus großer Ferne, aber finden konnte sie sie nicht. Sie hörte die Rufe mal von hier und mal von dort, aus verschiedenen Richtungen des Waldes. Sie irrte umher und ihre Kräfte schwanden. «Mein Mann wird böse mit mir sein», sagte sie sich. Die Mutter wusste, dass Porapití, der Schamane, alles sehen konnte. Er würde längst vom Verlust der Tochter wissen. Als der Tag zu Ende ging, fand sie endlich das Mädchen, es kauerte in einem Schatten und rief wie von Sinnen: A'i! Mutter! Nimm mich mit! Da begriff die Mutter, dass ein böser Geist ihre Tochter durch den Wald geschleppt hatte, ein anhağa. Wir glauben, dass sie die Seelen der Toten sind, verunglückte oder gefallene Krieger. Sie finden keine Ruhe. Wütend und mit letzter Kraft brach die Mutter einen Ast von einem Dornenstrauch. Sie schlug den anhaǧa, auf alle Geister des Waldstücks drosch sie ein, doch die verwandelten sich rasch in Ratten, Affen und Fledermäuse und sprangen davon. So ist es mit den anhaǧa.

Spät erreichte die Mutter mit ihren Kindern das Dorf, und im Schatten des Waldes lief der anhaǧa hinter ihnen her. «Meine Tochter wurde von einem Geist entführt!», sagte die Mutter, und ihr Mann, der Schamane, der alles wusste, hatte seinen Zauber schon vorbereitet. Das Mädchen verlor das Bewusstsein, war außer sich, und Porapití bot alles auf, was der Seele eines Toten nicht gefällt. Er legte das Leder frisch gejagter Tiere auf das Kind, ließ Wurzeln von Maniok heranschaffen und spielte tiefe, raue Klänge auf seiner Flöte aus Taboca-Schilf.[17] *Traurig musste er eingestehen: Auch der stärkste Mann weiß nicht jedes Problem zu lösen. Auch der mächtigste Schamane kann nicht alles heilen. «Um meine Tochter zu retten, müssen wir dem anhaǧa erlauben, in ein anderes Kind hineinzufahren», sagte Porapití. «Dieser Geist muss als Mensch geboren werden, es ist der einzige Weg.»*

Die Tochter des großen Schamanen wurde wieder gesund. Eine Frau aus dem Dorf gebar ein Kind.

Das Kind, das an diesem Tag zur Welt kam, war sehr krank. An manchen Tagen, zur Mittagszeit, hatte es kaum noch Kräfte und bekam einen hochroten Kopf. Es erklärte seinen Eltern, dass es Schmetterlinge essen wolle, und andere ungewöhnliche Dinge mehr. Porapití sagte den Leuten im Dorf: «Regt euch nicht auf, so ist das Leben des anhaǧa. Dieses Kind ist nicht wie die anderen hier. Es wird heranwachsen und den Namen Anhaǧwi tragen. Es soll ein Schamane werden, ich werde es auf seine Rolle vorbereiten.»

Doch das Kind war so krank, dass es eines Mittags starb. Schau her, ich zeige es dir mit meinen Händen, nur so winzig ist es gewesen! Ich habe dir eine wahre Geschichte erzählt und keinen Traum. Sie ist kein Mythos aus der alten Zeit. Sie geschah im Kastanienhain von São Luis. Mein Onkel Kwa'hã kannte dieses Kind, mein Großvater Mohan hat die Geschichte miterlebt.

Heute sieht niemand mehr die anhağa. Doch viele glauben, dass sie in den Wäldern leben, wie seit Beginn der Zeit. Vor einigen Wochen verschwand der jüngere Bruder unseres Häuptlings Tupajakuí im Wald. Er war sechzehn Jahre alt und fuhr mit dem Kanu zur Jagd. Wir haben überall nach ihm gesucht, aber nicht mal ein Kleidungsstück wurde von ihm entdeckt.

Er war kein gewöhnlicher Junge, er hatte eine geistige Behinderung, wie wir heute sagen. Blieb ganz verschlossen und sprach kaum mit Menschen. Es schien, als könnte er die Dinge in dieser Welt nicht richtig verstehen, und dann ist er verschwunden. Zuletzt hat man ihn sagen hören, seine Verwandten hätten ihn in den Wald gerufen. Viele von uns glauben, er hatte schon lange Kontakt mit den anhağa.

(Erzählung von Kikí «Leo» Tenharim, dem Großvater von Madarejúwa, im Kreis und unter Beteiligung seiner Familie im Marmelos-Dorf, 28. April 2016)

5.

Transamazônica – Straße der Weißen

Denk bloß nicht, dass meine Vorfahren keine Weißen kannten! Viele Weiße sind hier entlanggekommen, die Alten haben uns alles über sie erzählt: die *tapy'ynha*, die Zivilisierten. Es gab Händler, die in Kanus und Booten auf dem Marmelos-Fluss fuhren. Manche legten einmal pro Woche in Pagão und in São Luis an. Missionare bauten Stationen am Rand der Indianergebiete auf und erzählten den Völkern aus der Bibel. Kautschuksammler besuchten unsere Dörfer und fragten, ob sie die Stämme unserer Latexbäume einritzen dürften. Einigen haben wir es erlaubt, gegen andere haben die Verwandten Kriege geführt.

Doch meine Vorfahren hatten noch nie Flugzeuge gesehen. Sie kamen ganz plötzlich und zogen ihre Runden, tief über die Dörfer, über die Köpfe der Menschen hinweg. Mein Großvater Kikí erzählt, dass er ein kleiner Junge war und in Pagão auf der Lichtung spielte, als er die Flugzeuge sah. Er nannte sie *ovevé-ve'e*, fliegende Dinge, alle haben sich davor versteckt. Kinder und Erwachsene hatten Angst. Die Flugzeuge erkundeten damals die Gegend, weil die Straße der Weißen gebaut werden sollte, die Transamazônica. Die Straße führt viele Tage weit in Richtung Osten und Westen in den Regenwald. 1969 fingen die Vorbereitungen dafür an, aber das haben sie den Verwandten erst später erklärt. Die Baufirma wusste bestimmt, dass ein Volk hier lebt. Später sagten sie, dass keiner hier lebt. Sie hätten von nichts gewusst. Ich glaube, das sagten sie, weil die schrecklichen Dinge passierten.

Da vorne, siehst du? Da ist der Ort, an dem sie aus den Flugzeugen Geschenke abwarfen. Reis, Kleider, solche Dinge. Meine Verwandten haben sich gefragt, was das soll. Sie wussten ja von nichts.

Wir Jungen kennen diese Geschichten fast so gut wie die Alten, das kannst du mir glauben! Sie haben sie uns hundertmal erzählt. Wenn ich die Geschichten höre, fühle ich einen großen Schmerz, denn meinem Volk wurde damals etwas Schreckliches angetan. Ich bin zu jung, ich habe es nicht selber erfahren, aber ich spüre es auch so. Mein Großvater Kikí sagt, er war neun Jahre alt, als die Traktoren kamen. Er war jung, aber schon ein guter Jäger, mit zehn Jahren schoss er sein erstes Tier, ein Waldhuhn, einen *mutum*.[18] Die sind schwer zu treffen, sie laufen schnell. Danach war sein Vater stolz und erklärte im ganzen Dorf: «Jetzt muss meine Familie nie mehr Hunger leiden!»

Seit mein Großvater den *mutum* geschossen hatte, durfte er allein auf die Jagd. Er lief nackt herum, so war es bei den Tenharim. Ganz nackt, fragst du? Die Alten erzählen, dass man einen Baumwollgürtel um die Hüften trug und natürlich die Federkronen und Armbänder links und rechts. Zum Krieg schlangen sie sich Ketten um die Brust, in der Form eines Kreuzes, sie haben ihre Körper bemalt und sie trugen einen Schutz für ..., nicht wahr? Du verstehst mich? Dort untenrum. Auch die Frauen waren nackt, unten trugen sie aber einen Schutz wie die Männer. Sie hatten die Baumwollschlingen für die Babys und eine Bemalung aus *urucum*. Nur die Männer dürfen die Farbe zubereiten, aber manche Frauen streichen sich von Kopf bis Fuß damit ein. Einige tun das sogar noch heute! Sie finden sich dann schön, und sie riechen nicht.

Ob die Männer auch die Babys trugen, fragst du? Erzähle nicht den Alten von dieser Idee. Sie werden dich für verrückt erklären. Was ist denn, wenn ein Angriff im Wald passiert? Wie soll ein Krieger seine Familie verteidigen, wenn er ein Baby um den Hals trägt? Die Familien zogen durch den Wald, sie lebten nicht an einem festen Ort, die Verwandten zogen alle paar Monate weiter. Die Tenharim waren immer Nomaden, und ein bisschen sind wir es heute noch, weil wir auf die Jagd und zur Kastanienernte ziehen. Doch mein Großvater trägt heute Badehosen und T-Shirts. Er hat sich schon lange daran gewöhnt, wie alle hier. Kleider zu tragen, sagt er, ist Ende der siebziger Jahre in Mode gekommen.

Mit den Weißen war es früher so: Sie betraten unser Land, und meine Vorfahren machten mit ihnen Geschäfte. Die Tenharim gaben ihnen Kastanien, dafür bekamen sie Bohnen und Reis, Geschirr und Besteck. Ich glaube nicht, dass es ein fairer Handel war. Früher dachten die Tenharim: Die Sachen der Weißen sind viel mehr wert als unsere Kastanien. Kastanien hatten die Verwandten ja im Überfluss! Andere Händler kamen wegen der Copaíbabäume,[19] aus denen man ein heilendes Öl gewinnt, und wegen Kautschuk und Früchten.

Die Alten erinnern sich noch an die Ankunft von Bonifácio. Einige sagen, dass er ein Indianerforscher war, andere sagen, er wollte Handel treiben. Er trug ein Beret im Stil des brasilianischen Militärs auf dem Kopf, mit einem Abzeichen aus Metall, das hat er einem der Alten geschenkt. Viele Jahre lang kam er immer wieder, aber irgendwann blieb er fort, er soll gestorben sein. Das war in den dreißiger, vierziger Jahren. Für die Alten, die heute noch leben, war er der erste Weiße, den sie zu Gesicht bekamen.

Der alte Jikai aus dem Marmelos-Dorf erzählt, dass Bonifácio eigentlich kein Weißer war. Seine Haut war braun, dunkler als unsere, ein Riese mit kräftigen Muskeln. Er nahm kein Boot, sondern stapfte zu Fuß durch den Wald, jedes Mal auf dem gleichen Weg: aus Richtung Süden bis zu den Wasserfällen von Yty'Hu. Wenn Bonifácio unser Land betrat, spielte er auf seiner Mundharmonika: *Tee-to! Tee-to! Tee-to!* Er sagte, die Mundharmonika war aus Manaus, dort hatte er sie gekauft, er konnte sie niemandem schenken. Einige glauben, er machte so viel Krach, damit alle ihn erkannten. Keiner sollte aus Versehen einen Pfeil auf ihn schießen. Natürlich wussten meine Verwandten längst, wenn er kam, dafür brauchte er keine Mundharmonika zu spielen. Später brachte er ein Saxofon mit. Jikai sagt, dass Bonifácio allen versprach, er werde ihnen Mundharmonikas aus Manaus mitbringen. Das hat er aber nie getan.

Wenn Bonifácio kam, wollten ihn alle sehen. Das ganze Dorf traf sich und stand um ihn herum. Die Kinder wollten ihn anfassen. Es war wie ein Fest. Bonifácio bot den Verwandten Teller als Geschenke an, Messer, Spiegel, Macheten, Milchpulver, Sandalen. Er brachte Bluejeans mit, einige Urgroßväter mögen heute noch gern solche Jeans. Er verschenkte Kleider zum Ausprobieren. Er sagte, die Verwandten sollten sie anziehen und darin herumlaufen. Sie fanden die Kleider schön, weil sie leuchtende Farben hatten, am besten gefiel ihnen das helle Rot. Die Tenharim kannten ja aus unserer Tradition nur das Schwarz der Babassu-Nüsse und der Jenipapo-Früchte und das dunkle Rot des *urucum*. Sie haben die Sachen ein bisschen getragen und dann wieder abgelegt. Jikai sagt, das Leben im Wald war früher besser, keiner hat Kleider gebraucht.

Später kam ein Portugiese[20] zu uns. Er hieß Delfim da Silva, er war ein Händler, und Bonifácio wollte, dass die Verwandten ihn wegschicken. Bonifácio sagte zu Delfim: Komm nie wieder zurück, dieses Land gehört den Tenharim! Aber der Portugiese ging eine Verbindung mit unserem Volk ein. Später wurden Kinder und Enkel geboren. Die Alten erzählen, dass Bonifácio laut dagegen sprach. Er sagte, die Weißen rauben die Mädchen der Indianer, und das ist nicht richtig, weil sie selber genug Frauen haben. Jikai erinnert sich noch daran. Es gab viel Streit, die Sache wurde beraten, aber unsere Häuptlinge fanden, dass man deswegen niemanden töten kann. Es gab auch andere Frauen, die Delfim kannte, und die Alten sagen, das war freiwillig und hat ihnen Spaß gemacht. Delfim, der Portugiese, blieb viele Jahre bei uns wohnen. Er durfte heiraten und bekam einen Tenharim-Namen zugewiesen. Er hat Handel betrieben und Dinge besorgt, die wir gegen Kastanien und Maniokmehl tauschten: Salz, Zucker, Seife, Gewehre mit Patronen, Angelhaken, Kaffee.

So war unser Leben mit den Weißen. Du kannst herumlaufen, rings um die alten Dörfer, und überall wirst du Latexbäume finden, die die Weißen mit ihren Messern eingeritzt haben. Die Klinge muss durch die Rinde bis in das Holz eindringen, dann läuft einen Tag lang eine Milch heraus, man kocht sie über dem Feuer zu einem Gummiball. Die Händler auf den Booten zahlten dafür einen hohen Preis. Einige *seringueiros* hielten sich an unsere Regeln, und sie brachten meinen Verwandten Geschenke, gegen andere führten die Verwandten Krieg. Mein Urgroßvater Mohã erzählt: Als er ein Kind war, hat er häufig gesehen, wie die Erwachsenen schwarz bemalt in den Wald zogen. Sie sagten, es geht gegen die *seringueiros*. Damals gab es viel Krieg.

Doch als die Traktoren kamen, war es anders. Sie fuhren vom Westen her in unser Land. Im Westen, nach vielen Stunden Fußweg, erreichst du einen anderen Fluss, er heißt Maicí. Er ist die Grenze unseres Landes. Meine Verwandten versteckten sich am Maicí im Gebüsch, am Rand des Ufers, und sie wussten nicht, was das für Maschinen waren. Sie riefen mehr Männer zusammen, um sich den Maschinen in den Weg zu stellen. Sogar die *seringueiros* auf unserem Gebiet sagten der Baufirma damals: Da könnt ihr nicht einfach durchfahren! Da wohnen Indianer! Die Kautschuksammler wussten ja Bescheid, sie kannten uns seit vielen Jahren. Die Leute von der Baufirma entgegneten damals: Ach was, auf unserer Karte steht, dass niemand in diesem Waldstück wohnt.

Diese Geschichten habe ich von meinem Urgroßvater Mohã gehört, er hat alles mit eigenen Augen gesehen. Um die Traktoren waren Platten aus Metall geschweißt, damit kein Pfeil sie durchbohren konnte. Unsere Krieger bauten Barrieren aus Schlingpflanzen auf. Das ist das festeste Material, das sie kannten, Schlingpflanzen kann man nicht einfach zerreißen. Doch die Traktoren fuhren einfach darüber hinweg. «Als wir das sahen, wussten wir, dass die Maschinen uns auslöschen kommen», sagt mein Urgroßvater. Da haben die Verwandten alle Frauen und Kinder nach Pagão geschickt und in die anderen alten Dörfer. Die Traktoren fuhren weiter durch den Wald. Wo heute das Dorf Marmelos an der Straße steht, standen früher schon Häuser. Unter ihren Böden saßen die Ahnen und die toten Kinder der Verwandten. Doch die Traktoren kamen, und sie bauten ihre Straße, über die Gräber. Du kannst die alten Leute danach fragen, sie weinen, wenn sie davon erzählen.

Kein Krieg brach aus, als die Traktoren kamen. Verrückt, oder? Wir waren Krieger, immer schon. Ich habe gehört, das Militär hatte einen Befehl, nicht auf Indianer zu schießen. Sie haben das auch nicht getan. Ich glaube, dass meine Vorfahren sahen, dass ein direkter Angriff auf die Traktoren aussichtslos war. Wir Tenharim stürzen uns nicht in unsinnige Kämpfe. Das wäre ja keine

Strategie, sondern bloß dumm. Als die Traktoren kamen, ist niemand gestorben. Erst danach sind dann viele umgekommen, bis es fast keine Tenharim mehr gab.

Die Transamazônica brachte die Krankheiten der Weißen. Ein Verwandter nach dem anderen wurde mit Masern, Keuchhusten, Malaria und Lungenentzündung angesteckt, sie starben nach fünf oder sechs Tagen. Diese Krankheiten hatte es vorher nie gegeben, und wir hatten keine Medizin, nicht die Medizin der Weißen. Mein Großvater bekam damals auch die Masern. Er überlebte, aber er verlor seine Mutter. Es gab einen Tag, an dem vierzig Menschen auf einmal beerdigt wurden, und ein Jahr, in dem nur noch hundert Tenharim am Leben waren. Die Zeiten sind besser geworden, heute zählt mein Volk wieder mehr als neunhundert. Aber ich habe gehört, wir sind mal viele tausende Tenharim gewesen! Mein Großvater hat immer gesagt, dass wir früher ein sehr großes Volk waren. Die Verwandten bauten einen neuen Friedhof für die Opfer, neben dem Marmelos-Dorf. Mehr Weiße kamen, und sie brachten mehr Krankheiten. Flugzeuge landeten hier, in der Nähe von Pagão fällte die Baufirma Bäume und legte eine Landepiste an. 1972 eröffneten sie die Straße, dann kamen die Autos, einige fuhren sogar aus São Paulo bis hierher.

Du willst etwas über die Zwangsarbeit wissen. Unsere Anführer sagen, dass Tenharim-Indianer damals zu Arbeitskräften der Baufirma gemacht wurden, dass es Sklaverei gab und Vergewaltigungen unserer Frauen.[21] Verwandte mussten beim Straßenbau, in den Minen und Sägewerken arbeiten. Einige Alte in den Dörfern erinnern sich an die Zeit. Es waren einige Tenharim, aber nicht alle, die bei der Baufirma waren. Sie sagen, sie hätten schwere Arbeit gemacht, sogar in den Sümpfen, der jüngste Arbeiter aus unserem Volk war zwölf Jahre alt. Sie hätten keinen Lohn bekommen, nicht mal vernünftiges Essen, und die Weißen drohten mit Gewalt. Der alte Agostinho hat einmal mit Leuten von der Zeitung und von der Regierung darüber gesprochen, und er wird schon recht haben, er erinnert sich noch daran. Agostinho ist siebzig Jahre alt und ein Sohn von Ariu'vi, unserem letzten Schamanen. Untereinander sprechen wir Tenharim aber nicht viel von dieser Zeit.

Ich kann nur davon berichten, was mein Großvater und mein Urgroßvater erzählen. Kikí durfte damals nicht mehr in die Nähe der Straße, mehrere Jahre lang. Er sollte nicht nochmal eine Krankheit bekommen. Er blieb im Wald, hier in Pagão, er lebte in der Natur – wie früher. Erst 1977, mit fünfzehn, ging er wieder an die Straße. Er sagt, dass er anfangs kein Wort der Sprache verstanden hat – Portugiesisch. Was wollten die Leute von ihm? *Banana*, Bananen? *Peixe*, Fisch? Doch er hat es gelernt, und als junger Mann hat er den Weißen viel verkauft. 1979 sah er zum ersten Mal Scheine und Münzen, Geld. Anfang der achtziger Jahre, als die Straße längst in Betrieb war, schickte die Regierung in Brasilia Ärzte zu den Tenharim, Vertreter der Gesundheitsbehörden und der Indianerschutzorganisation. Der Grund war, dass es so viele Krankheiten gab.

Da hatten wir schon viele Verwandte verloren! Alle Pajés waren tot, die Schamanen. Gegen die Krankheiten der Weißen hatten sie keine Macht. Heute gibt es Männer und Frauen im Volk, die keinen Namen in unserer Sprache tragen. Ihre Älteren starben, bevor sie ihnen Namen geben konnten, deshalb haben sie nur Namen auf Portugiesisch.

Die Transamazônica brachte die Holzfäller in unsere Gegend, sie bauten einen Waldposten 30 Kilometer von hier, am Rand des

Indianergebiets. Goldsucher und Erzschürfer kamen. Die Indianerschutzorganisation sagt, dass die Transamazônica-Baufirma auch hinter der Mine am Igarapé-Preto-Fluss steckt. Mitten auf unserem Stammesgebiet haben sie dreißig Jahre lang Zinnerz aus dem Boden geschürft. Dort ist es sehr schmutzig, der Wald ist kaputt. Es wächst nichts mehr. Meine Verwandten haben von den Betreibern der Mine viel Gewalt erfahren. Es kamen weitere Minen, tief im Wald und im Schlamm der Flüsse versteckt. Du sagst, dass in der Zeitung Berichte über Drogenschmuggler standen und von Fluchtwegen für Verbrecher, quer über unser Land? Was sind das für Sachen! Wie soll ich davon wissen? Ich weiß es nicht, du kannst die Häuptlinge fragen.

Wir sind die junge Generation. Wir sehen nicht alles so wie die Alten. Wir sprechen die Sprache der *sociedade* fast so gut wie unsere eigene Sprache. Ich glaube, dass die Straße schlechte Dinge, aber auch gute Dinge bringt. Die Mehrheit der Tenharim hat heute ein Haus an der Transamazônica. Unsere Häuptlinge haben damals entschieden, dass das die beste Lösung ist. Marmelos war das erste Dorf an der Straße, jetzt liegen fünf weitere Dörfer an der Transamazônica. Die anderen sind an Flüssen oder sonst wo im Wald.

Sogar unter den Alten sagen einige, dass es gut war, an die Straße zu ziehen. Seit sie an der Straße wohnen, sind sie nicht mehr von den unfairen Preisen der Händler abhängig, die auf den Booten kamen. Die Tenharim verkaufen auch heute noch jedes Jahr viele Kastanien, Früchte, Copaíba-Öl und Maniokmehl an Leute aus der Stadt, auch Kunsthandwerk, Ketten und Federschmuck, Pfeile und Bogen. Wir müssen Geld verdienen, das Geld der Weißen. Geld ist ein großes Problem für die Tenharim. Seit der Transamazônica haben wir Kosten. Wir brauchen Medizin gegen die

Krankheiten, die uns die Weißen gebracht haben, wir sollen Portugiesisch lernen, brauchen Bücher dafür, es gibt Dinge für uns in der Stadt zu erledigen. Dafür muss man jedes Mal ein Busticket bezahlen, 51 Reais[22] pro Fahrt und die Übernachtung. Die Weißen haben hier Reis und Bohnen eingeführt, Salz und Öl, wir sollen die Hände und unsere Kleider mit Seife waschen und Kleider anziehen, was früher alles nicht nötig war.

Wir Jüngeren tun das, für uns ist es ganz normal, aber nicht die Alten. Die machen von den neuen Dingen nur wenig mit. Sie wissen über die *sociedade* nicht Bescheid. Bei einigen Jüngeren gibt es heute einen großen Wunsch nach Geld. Sie fahren in die Stadt und sehen Sachen, die sie einkaufen wollen: Fußballtrikots, Handys, Fernseher. Ich finde auch, dass wir Fernseher brauchen. Wir müssen wissen, was in Brasilien passiert. Mein Großvater Kikí hat keinen Fernseher, er will keinen haben, aber mein Vater hat einen und mein Onkel auch, er wohnt gleich nebenan. Kikí sitzt oft bei ihm und schaut die Abendnachrichten, *jornal nacional*. Früher hat kein Tenharim von den Programmen im Fernsehen gewusst, aber es ist besser, diese Dinge zu kennen. Im Fernsehen sagen sie zum Beispiel, dass die brasilianische Regierung eine Bande von Dieben ist. Sie sagen, was auch einige Häuptlinge sagen. Bei der Regierung muss man immer aufpassen. Das gibt uns den Mut, zur Regierung zu gehen und zu sagen: Jetzt wollt ihr uns auch berauben, was?

Du hast recht, die Regierung macht auch gute Sachen für uns. Im Westen unseres Landes ist das neueste Dorf der Tenharim entstanden, Vila Nova, dort gibt es eine Antenne für Wifi-Empfang. Dafür muss man nichts bezahlen. Einige Tenharim haben jetzt Handys. Ein neues Handy kostet eigentlich 1800 Reais.[23] Es gibt aber Händler, die sie billig verkaufen. Sie sind damit einverstanden, dass sie das Handy schon herausgeben und man bezahlt ihnen jeden Monat einen Betrag. Mit einem Handy kann man in das Dorf Vila Nova fahren und dort ins Internet gehen. Ich finde das unpraktisch, das Signal ist schwach und bleibt manchmal ganz weg. Und was nützt ein Mobiltelefon, wenn man nur in Vila Nova eine Verbindung bekommt und sonst nirgendwo auf unserem Land? Einige von uns Jüngeren haben jetzt Facebook-Profile, wir haben sie irgendwann eingerichtet. Wir schaffen es aber nicht, ständig darauf zu schauen und sie zu aktualisieren.

Ich habe auch ein Mobiltelefon, schau her. Es ist ein altes Modell, am Rand ist das Glas kaputt, nicht so schön wie deines. Deines ist von Apple. Alle sagen, dass Apple die besten Mobiltelefone macht. Mit meinem nehme ich Fotos auf, zum Beispiel von der Jagd, aber sonst mache ich nicht viel damit. Kürzlich habe ich es benutzt, um mit meinem Onkel zu sprechen, der in der Stadt war, in Humaitá. Viele speichern auf ihren Handys Musik, und sie nehmen Fotos und Videos auf. Die kann man zum Beispiel an ein Mädchen schicken, und die Mädchen schicken Fotos und Videos an die Jungen. Nicht über das Internet. Es gibt eine Funktion, mit der man sie direkt von Telefon zu Telefon überträgt, sie heißt Bluetooth. Trotzdem sind einige von den Jungen verrückt danach, ins Internet zu kommen. *Iiii!* Hast du denn geglaubt, dass wir nichts von den Dingen der *sociedade* verstehen?

Die Regierung hilft uns manchmal, ihre Vertreter kommen über die Transamazônica auf unser Gebiet und geben uns Unterstützung. In Marmelos haben sie zum Beispiel eine Dorfschule für die ersten Klassen eingerichtet, eine Krankenstation, Wasserklos, sogar eine Satellitenschüssel fürs Fernsehen. Entlang der Straße hat die Regierung vor zwei Jahren Stromleitungen gespannt, «Licht für alle» heißt das, aber später haben sie uns erklärt, dass wir für den Strom bezahlen sollen. Was denkt sich die Regierung dabei? Warum stellen sie hier etwas auf, für das wir nicht genug Geld haben? Es ist kein guter Stromanschluss. Manchmal gibt es hier tagelang keinen Strom.

Einige haben gesagt, wir können die Strommasten wieder umhauen. Haha! Das könnten wir machen. Aber ich glaube, dann bekommen wir einen elektrischen Schock. Ich habe gehört, sie schicken sogar eine Rechnung für den Strom, wenn man gar nichts benutzt, wenn man im Wald war und keine Lampe brannte. Jetzt frage ich dich: Wem hilft das wirklich, uns Tenharim oder Brasilien? Der alte Barawori, der Häuptling im Dorf Mafuí, hat mal für einen einzigen Monat eine Stromrechnung von 260 Real[24] erhalten. Da ist er sehr böse geworden. Das ganze Dorf spart jetzt auf einen Dieselgenerator.

Diesel ist auch nicht billig, du hast recht. Der Treibstoff wird von weither gebracht. Aber die Regierung hilft uns damit. Die Indianerschutzbehörde bezahlt sogar einen Kleinlaster, der auf der Transamazônica fährt. Da kann jeder aus dem Volk der Tenharim und aus den Nachbarvölkern aufsteigen, ja, auch die Parintintin und die Jiahui fahren mit dem Laster. Am Steuer sitzt unser Häuptling Tupajakuí. Er macht den Transport zwischen den Dörfern, die an der Straße liegen. Die Regierung bezahlt ihn dafür.

Einige Häuptlinge und Anführer der Tenharim, die an der Straße leben, bekommen jeden Monat ein bisschen Geld von der Regierung. Sie übernehmen Aufgaben dafür: Transport, Waldfeuerwehr, Lehrer an der Dorfschule, Helfer in der Gesundheitsstation. Es gibt auch Tenharim, die es geschafft haben, Rente oder Sozialhilfe für Familien zu beziehen, das ist aber nur eine Handvoll von uns. Einige verzichten schon wieder darauf, denn sie müssen immer in die Stadt fahren. Sie sagen, es gibt jedes Mal

Ärger, wenn die Weißen das Geld auszahlen sollen. Unsere Häuptlinge sagen, die Indianerschutzbehörde hilft uns nicht genug dabei. Ich habe mit der Regierung aber nichts zu tun, ich weiß von all dem nichts.

Du darfst aber nicht denken, dass wir vergessen haben, was die Alten lehren. Alle in meinem Volk sprechen unsere Sprache: Tenharim. Es ist die erste Sprache, die wir als Kinder lernen, wir benutzen sie unter uns und sprechen sie flüssiger als Portugiesisch. Auf Portugiesisch suchen wir manchmal ein Wort, und es fällt uns nicht ein, aber in unserer Sprache passiert das nicht. Wir jagen und beherrschen das Kunsthandwerk, wir kennen die Pflanzen und Tiere. Die Alten sagen: Es ist kein Problem, wenn man von einem Aluminiumteller isst, den man aus der Stadt bekommen hat. Wir sollen aber auch wissen, dass man tiefe Teller aus Palmen schnitzen kann und wie man Körbe aus dem Schilf am Marmelos-Fluss macht. Das eine ist wichtiger als das andere. Das Wissen über unsere Kultur dürfen wir nicht verlieren, sonst werden wir ausgelöscht.

So reden die Alten. Du wirst es hören, ich fahre dich ins Marmelos-Dorf zurück. Wir treffen meinen Großvater Kikí. Manchmal ist es schwer, sich mit den Alten zu unterhalten. Sie leben noch in ihrer Welt. Wir Jungen haben Respekt vor den Alten, aber wir haben auch unsere eigenen Ideen. In Marmelos zeige ich dir meinen Motorroller, ich repariere ihn schon seit langer Zeit. Bald wird er wieder fahren. Wenn ich einen Tag lang verschwinden muss, um neue Ersatzteile zu besorgen, eine Schraubenmutter oder so etwas, verstehen die Alten mich nicht. Sie haben von den neuen Dingen keinen Begriff. Also sage ich ihnen nicht, wie es in Wirklichkeit ist. Ich sage: Ich bin weg, ich gehe jagen! So ist jeder zufrieden, und ich habe meine Ruhe.

Trotzdem glaube ich, die Alten haben mit vielem recht. Es ist wichtig, dass wir unsere Kultur bewahren. Weil wir unsere Kultur haben und viele Geheimnisse kennen, können wir weiterleben. Wir sind die Tenharim – ein Volk von Kriegern, das von keinem Gegner besiegt werden kann.

6.

Ka'gwyrapora – Das Schwein, das eine Schlange war

Es tut mir leid, ich war lange weg. Bin spät zu unserem Treffen gekommen. Hat mein Großvater Kikí sich gut um dich gekümmert? Zwei Tage lang hast du in der Hängematte auf mich gewartet, aber ich sehe, es geht dir gut. Du hast im Fluss gebadet. Das Wasser ist frisch, um diese Jahreszeit regnet es viel. Schau her, kannst du erkennen, was das hier ist? Siehst du das Foto auf meinem Handy? Du hast recht, eigentlich kann man gar nichts sehen. Es ist alles sehr braun und verschwommen.

Ich verrate es dir, das Foto zeigt ein Loch. Ein riesiges Loch, das ich bei der Jagd entdeckt habe, weiter oben am Marmelos-Fluss. Das Skelett eines Wildschweins lag daneben. Ich bin auf einen Baum geklettert und habe das Loch und das Schwein fotografiert. Deshalb bin ich spät. In dem Loch lebt eine Anakonda.[25] Es muss eine große Anakonda sein. Ich habe viele Stunden auf dem Baum auf sie gewartet, aber ich habe sie nicht gesehen, nur die ausgespuckten Reste des Schweins. Anakondas leben in einem Loch, und wenn sie dort nicht mehr hineinpassen, ziehen sie los und suchen sich ein neues. Das hier ist ein wirklich großes Loch. Kannst du auf dem Mobiltelefon denn gar nichts erkennen?

Dann lass mich dir erzählen, wie es mit den Anakondas ist. In meiner Familie gibt es nur einen Mann, der eine Begegnung mit einer Anakonda überlebt hat. Mein Urgroßvater Mohã erzählt seine Geschichte häufig. Auch andere Mitglieder meines Volkes haben schon mit Riesenschlangen gekämpft, aber das waren nur

Sucuri, die sind dünn und werden vielleicht 25 Meter lang. Ab drei Meter Länge können Riesenschlangen einen Menschen töten. Sie umschlingen ein Bein und ziehen ihn unter Wasser, oft hunderte Meter weit und dann bis zu ihrem Loch. Sucuris haben Muskeln überall, sie krümmen sich und strecken sich, können weich und geschmeidig werden, aber auch ganz hart. Am besten ist es, wenn sie ein oder zwei Schweinchen intus haben. Daran verdauen sie tagelang, dann sind sie träge, und man kann sie mit einer Flinte töten.

Eine Anakonda ist kürzer und dicker als eine Sucuri, ein fettes Viech, viel gefährlicher. Ihr Kopf ist so dick wie ein Dieselfass, sie verschluckt ihre Beute mit einem Biss. An Land und im Wasser bewegt sie sich gleich schnell. Ja, da guckst du! Die Anakonda ist schneller als ein Mensch, sage ich dir, viel schneller. Also lauf nicht los, wenn du eine Anakonda siehst. Schleiche dich leise davon, und wenn sie dich nicht verfolgt, hast du eine gute Chance, am Leben zu bleiben. Sonst musst du auf einen Baum klettern. Anakondas klettern nicht auf Bäume. Dort oben hast du Zeit. Du kannst überlegen, wie du die Anakonda töten willst.

Lach nicht! Meinst du, ich erzähle dir Schauergeschichten? Es ist nicht lustig, bei Anakondas geht es um Leben und Tod. Vielleicht stellst du es dir leicht vor, eine zu töten. Lass mich dir raten, für den Fall, dass es dir passiert. Du darfst keine Pfeile benutzen, die prallen bloß ab von ihrer dicken Lederhaut. Messerspitzen brechen ab, nein, du kannst eine Anakonda auch nicht erstechen. Du musst versuchen, sie mit einer Sache aus Metall in die Augen zu treffen, mit einem Pfeil zum Fischen zum Beispiel, der an der Spitze einen Eisennagel hat. Oder du musst der Anakonda in den Rachen schießen, wenn sie nach dir schnappt. Sie stirbt davon nicht, aber sie wird verrückt. Deshalb bin ich auf den Baum geklettert. Es hat etwas länger gedauert, bis ich kommen konnte, es tut mir leid.

Mein Urgroßvater hat damals die Anakonda gehört, bevor er sie sah. *Fiiii-fiiii!* Es klang wie der Lockruf eines *anta*, eines Tapirs. Wir Tenharim kennen die Sprache der *anta* gut, und hier war etwas falsch. Die Anakonda ist ein verlogenes Tier. Sie macht die Rufe der Tapire nach. Einige sagen, sie kann auch grunzen, damit die Schweinchen glauben, ein Verwandter sitzt im Wald.

Mein Urgroßvater Mohã lief weg, und die Anakonda kam hinterher. Er fiel auf den Boden, und die Anakonda schlitterte um ihn herum, um ihn einzufangen. Er flüchtete sich auf einen Steinhaufen und kletterte auf einen Baum, wo Affen saßen. Den ganzen Tag lang hat er oben gesessen, zusammen mit den Affen. Unsere Familie machte sich große Sorgen.

Weißt du, wie mein Urgroßvater überlebte? Weil irgendwann die Adler[26] kamen. Wenn Adler in der Nähe sind, ergreifen Anakondas die Flucht. Vor denen haben sie Angst. Verrückt, oder? Die Vögel sind die besten Jäger des Waldes, wir haben hier Falken und Sperber und Adler, große kräftige Jäger, die hoch über den Bäumen fliegen, und denen doch nichts entgeht. Ein Adler kann aber gar nichts ausrichten bei einer Anakonda. Adler picken manchmal frisch geschlüpfte Schlangenbabys auf, aber einer ausgewachsenen Anakonda tun sie nichts. Trotzdem hat sie ihr Leben lang Angst vor den Adlern.

Mein Urgroßvater Mohã hat das so erlebt. Jetzt erzählt er davon bei allen Festen. Wie oft habe ich diese Geschichte schon gehört! Wir Tenharim lernen als Kinder, was man tun muss, wenn man eine Anakonda sieht. Unsere Flüsse sind voller Riesenschlangen, manchmal sehen wir eine vorbeitreiben, und wir wissen, sie ist viele Meter lang. Nur ihr Kopf schaut aus dem Wasser heraus.

Wenn sie zu nahe kommt, wissen wir, dass wir auf die Bäume klettern müssen. Bei der Jagd hören wir zweimal hin, wenn wir meinen, dass ein *anta* uns gerufen hat. Wir schauen nach, ob an der Stelle viele Schmetterlinge fliegen. Schmetterlinge sind ein Warnsignal. Die gelben und weißen mögen den Geruch der Anakondas gern. Nie mehr wird eine Anakonda einen Tenharim-Jäger täuschen.

Du fragst, was wir mit den getöteten Schlangen machen. Das ist eine gute Frage. Du siehst, wie mein Großvater Kikí streng blickt. Er sagt, ich habe dir die Geschichte nicht richtig erzählt. Ich muss zugeben, dass ich etwas weggelassen habe.

Unsere Ahnen aus der älteren Zeit haben nie die Schlangen umgebracht. Sie haben stets gewartet, bis sie wieder verschwanden. Ein totes Tier vergiftet den Boden und das Wasser, das gilt für die Anakonda und für jedes Tier. Der einzige Grund, ein Tier zu töten, ist, wenn man einen Gebrauch dafür hat oder wenn man sich verteidigen muss. Wir Tenharim essen keine Anakondas, wir können sie trotzdem gebrauchen. Aus toten Schlangen schaben wir das Fett heraus. Die Tenharim gewinnen daraus eine Medizin. Das Öl einer Anakonda kannst du auf eine Wunde auftragen, dann schließt sie sich sofort. Wir lassen das Fett in einer Pfanne aus und befüllen damit Fläschchen aus Glas, die wir von den Weißen haben.

Warum wir das Öl nicht verkaufen, fragst du? Warum wir kein Geld damit verdienen? Ich bin dir nicht böse für deine Frage. Du kannst nicht wissen, dass es eine falsche Frage ist. Mein Volk läuft nicht durch den Wald und tötet die Tiere, um Stücke von ihnen zu verkaufen. Was von unseren Tieren kommt, ist nur für den eigenen Gebrauch.

Schau her, mein Großvater hat ein Fläschchen mit Anakonda-Öl. Du darfst es nicht mitnehmen, aber er zeigt es dir. Anakonda-

Öl muss klar und durchsichtig sein. Rieche daran, du wirst merken, dass Anakonda-Öl keinen Geruch hat. Aber es wirkt. Ich trage dir etwas auf, halte deine Handflächen nach oben, so. Du hast eine Wunde am Arm. Sie wird jetzt heilen.

Es ist gut, dass wir einige Tage bei meinem Großvater Kikí verbringen. Er kennt die Geschichten besser als ich: über die Meerjungfrauen im Marmelos-Fluss, die so dick wie fette Fische sind, und über Mbaira, den Gott der Dinge der Erde. Er ist für die Angelegenheiten der Pflanzen, Tiere, Menschen und Steine zuständig, aber er spielt den Menschen auch viele Streiche. Ich glaube, Kikí kennt alle alten Lieder. Von ihm lerne ich fast alles über die Jagd und über unsere Kultur. Viel Zeit habe ich auf seiner Veranda verbracht. Du siehst, heute sitzen seine Urenkel dort, die Kinder meiner Cousins, er lehrt sie so wie früher mich. Am nächsten Wochenende bist du dabei, wenn wir hier Pfeile bauen. Mein Großvater ist nicht zufrieden damit, wie ich die Bogen schnitze. Wir werden das Wochenende lang unter dem Mangobaum vor seinem Holzhaus sitzen, mit Messern in der Hand, und Holzarbeiten üben.

Jetzt haben wir lange genug über die alten Geschichten geredet! Lass uns ein wenig draußen sitzen. Der große Angriff der Moskitos ist vorbei, um diese Uhrzeit fliegen nur noch die *piums*[27] herum. Gegen sie kannst du nichts tun. Sie summen nicht, sie krabbeln sogar durch die Maschen deines Moskitonetzes hindurch. Sie hinterlassen einen schmerzhaften Biss, aber das tun sie hier draußen genauso wie in den Häusern. Mein Bruder hat einen Lautsprecher angestellt. Wir können Sertanejo hören, die Musik, die im Radio läuft. Ist sie dir zu laut? Mein Bruder hat Gummibärchen mitgebracht, willst du eins? Ich mag so etwas eigentlich nicht. Wir essen sie, damit sie nicht verderben. Du lachst über mich. Aber ich sage die Wahrheit, ich esse Gummibärchen sonst nicht.

Wir haben keine Spiele, wenn wir Kinder sind. Na schön, du sagst, wir spielen alle Fußball, das stimmt. Die Tenharim spielen Fußball, seit ich mich erinnern kann. Jeden Sonntag gibt unser Häuptling ein Turnier auf dem großen Platz. Es ist nicht die Wahrheit, wenn ich sage: Wir haben keine Spiele. So ist es nicht gemeint. Aber sie gehören nicht zu unserer Kultur, so wie bei euch Weißen. Einmal haben wir sogar Fußballtrikots in der Stadt bestellt. Sie wurden ins Dorf geliefert und hatten die Abzeichen unserer Vereine aufgedruckt: Marmelos 1, Marmelos 2 und Marmelos 3. Ich spiele Außenverteidiger bei Marmelos 3. Die Trikots waren teuer, aber nicht zu teuer, so etwas können wir bezahlen. Wer Geld hat, hilft anderen aus. An einigen Wochenenden fährt Tupajakuí, der Häuptling, die Mannschaften mit dem Bus in die Nachbarreservate, zu den Parintintin und Jiahui. Aber da ist es eine üble Treterei. Beim letzten Mal haben wir gegen die Parintintin verloren. Unser Frauenteam hat gewonnen.

Unsere Kultur ist anders, ernster, die Kinder der Tenharim sollen nicht spielen. Sie sollen sich auf das Leben vorbereiten. Wenn sie in den Wald gehen, sollen sie allem gewachsen sein, das ihnen dort passieren kann. Fußball ist ein guter Sport, gut für die Ausdauer, aber wir brauchen ihn nicht. Trag mal Brennholz einen Tag lang durch den Wald! Schnall dir ein totes Wildschwein auf den Rücken und bringe es ins Dorf! Für die Tenharim ist es wichtig, dass man stark ist und dass man gut laufen kann. Es gibt einen Vogel im Wald, *saracura,*[28] der große Strecken läuft, er ist berühmt dafür. Manchmal töten wir welche und binden sie an die Beine der Kinder, ein Vogel links und einer rechts. Das funktioniert sehr gut. Mein Großvater hat es bei mir gemacht, und heute bin ich ein guter Läufer. Ich werde nicht müde im Wald.

Die Bogen und die Pfeile mit der Gummispitze, die sie uns als

Kinder geben, kannst du vielleicht ein Spielzeug nennen. Doch sie haben eine ernste Bedeutung. Ein Spielzeug lernt man lieben, man gewöhnt sich daran. Es macht viel Spaß, damit zu schießen! Ich weiß nicht mehr, wann ich meinen ersten Pfeil und Bogen bekam, nicht mal mehr, wann wir zum ersten Mal jagen gingen. Ich muss sehr klein gewesen sein. Ihr Weißen spielt Fangen und Verstecken und Seilspringen, wir laufen durch den Wald. Wer kann am schnellsten den Baum hochklettern? Wer kann einen Affen rufen, so dass er herabsteigt und die Kinder besucht? Wer steuert als Erster das Kanu über den Fluss? Wer zündet ein Feuer an?

An der Brücke, die neben unserem Dorf über den Marmelos-Fluss führt, kannst du den ganzen Tag lang Kinder sehen. Sie sind zwischen fünf und acht Jahre alt, früher war ich auch dabei. Nur die Jungen spielen an der Brücke, die Mädchen nicht. Sie klettern 20, 30 oder 40 Mal an den Streben hinauf und springen ins Wasser, mit dem Hintern zuerst, damit es laut platscht. *Xambu!* Die Strömung im Marmelos-Fluss ist stark, du weißt das, du wolltest nicht mal auf die andere Seite schwimmen. Für die Kinder ist es kein Problem. An dieser Biegung gibt es keine Alligatoren.[29] Die Mütter müssen sich keine Sorgen machen.

Die Eltern sagen uns, wenn wir Kinder sind: So weit dürft ihr in den Wald gehen, aber weiter nicht. Nur auf diesem Pfad, in diesem Waldstück, nur bis zum Untergang der Sonne. Mein Großvater Kikí hat mich immer allein vorauslaufen lassen, wenn wir jagen waren. Anfangs nur ein Stück und dann immer weiter. So ist es üblich. Es ist wichtig, dass ein Kind die Angst verliert. Manchmal läuft die ganze Familie zusammen, dann lernen wir die Namen der Hölzer, Früchte und Tiere. Die Erwachsenen zeigen uns, wo Gefahren lauern. Es gibt viele Gefahren, vor allem Schlangen, aber auch giftige Kröten, Ameisen, Raupen und Spinnen. Im Wasser sind Rochen[30] mit gefährlichen Stacheln, Piranhas,[31] Alligatoren und Kaimane, aber nicht überall, nur an bestimmten Stellen.

Viele Tiere sind ganz ungefährlich und man kann mit ihnen spielen. Frösche zum Beispiel finden wir als Kinder interessant, und die schillernden Schnecken, von denen die Alten erzählen, dass sie *jaytata'ia* sind, vom Himmel gefallene Sterne! Schon als kleines Kind wusste ich, dass ich mich von den Schlangen fernhalten muss. Vielleicht habe ich trotzdem mal welche angestupst, mit einem langen Stock, um ihre Reaktion zu sehen. Doch das ist nicht vernünftig. Besser ist es, man geht weit um eine Schlange herum. Die älteren Kinder müssen auf die jüngeren aufpassen, damit sie sich an die Regeln halten. Es muss eine gute Balance geben: den Kindern Dinge beibringen und sie selber forschen lassen. Mit zwölf, dreizehn oder vierzehn Jahren bist du ein Mann. Dann kannst du überallhin. Du bist dann selber verantwortlich, darfst allein in den Wald und auch in die Stadt.

Ich glaube, du stellst dir den Wald zu gefährlich vor. Die Weißen haben Angst davor, aber für mich ist er weniger gefährlich als die Stadt. Alle Tenharim freuen sich, wenn wir zur Jagd und zur Kastanienernte aufbrechen. Manchmal dürfen einige Kinder nicht mit, sie müssen in den Dörfern bleiben, dann machen sie ein großes Geschrei. Bei der Jagd und bei der Ernte helfen die Kinder mit, aber sie schwimmen auch in den Flüssen und liegen an den weißen Stränden, die du überall an den Biegungen findest. Alle Kinder ziehen gemeinsam zum Fischen los, die Jungen und die Mädchen. An den Ufern kannst du sie überall sehen, mit Angeln, Speeren und Pfeilen.

Als Kinder freuen wir uns, wenn wir Tiere entdecken. Wusstest du, dass es *botos*, Flussdelfine,[32] im Rio Marmelos gibt? Wir haben neun verschiedene Affenarten, sogar Spinnenaffen mit tiefschwarzem Fell und einem Klammerschwanz.[33] Es gibt den *macaco da noite*, den Nachtaffen,[34] der große leuchtende Augen hat, ähnlich wie eine Katze, weil er nachts sehen muss. Tagsüber kuschelt er mit seiner Familie in einem Versteck und schläft. Wir wissen, wo die Schildkröten leben und ihre Eier vergraben, damit die Jungen schlüpfen können. Im Wald essen wir Obst, das wir im Dorf nicht bekommen. Abends sitzen wir ums Feuer herum, hören Lieder, Geschichten und Radio. Das Leben ist anders im Wald.

Ich weiß aus dem Fernsehen, wie die Kinder der Weißen spielen, dass sie elektrische Roboter haben. Ich habe einen kleinen Hund gesehen, der ein Roboter war. Ich frage mich: Wie machen die das? Wie kommt man darauf, so etwas zu bauen? Ich finde es normal, solche Fragen zu haben. Als du zu den Tenharim gekommen bist, sind dir auch Dinge aufgefallen, die anders sind als in deinem Land. Du wolltest wissen, wie wir das Gift für die Spitzen unserer Pfeile herstellen. Mein Großvater hat sich entschlossen, es dir zu verraten. *Jytykygwyva* wird aus gegerbter Baumrinde gemacht. Man schabt sie von einer Schlingpflanze ab, die am Boden wächst, kocht sie zu einem schwarzbraunen, klebrigen Sirup ein. Andere Völker nennen das Gift «Curare». Du trägst es in einer Dose mit dir herum, und wenn es eintrocknet, kannst du es im Schein eines Feuers aufweichen.

Du hast mich auch gefragt: Wie kann es sein, dass ich einen Affen rufe? «*Ne? Eh?* Wie geht das?» Ich habe dir geantwortet, dass wir schon als Kinder die Sprachen der Tiere lernen. Solche Fragen habe ich auch an dich, was die Roboter betrifft. Später kannst du mir davon erzählen.

Ich habe noch eine andere Frage. Was spielen die Kinder, die drüben bei den Holzfällern wohnen? Ich glaube, dass sie «Weißer

Mann gegen Indianer» spielen. Sie sind die Weißen, und sie nehmen uns Indianer gefangen. Oder sie sagen in ihren Spielen: Indianer, du musst uns dein Holz geben, sonst töten wir dich! So stelle ich mir das vor. Oder? Du sagst nichts, vielleicht weißt du es nicht, aber so stelle ich es mir vor. Ich glaube, die Kinder kriegen bei den Holzfällern nichts Gutes beigebracht. Mein Onkel Leandro sagt, man soll kleinen Kindern vom Jagen erzählen, aber nicht so viel vom Krieg. Wer etwas lernt, will es später auch ausprobieren. Man muss über den Krieg alles lernen, ich habe es auch gelernt, aber es gibt eine richtige Zeit, ein richtiges Alter dafür. Ich stelle mir vor, dass die Kinder der Holzfäller viel über den Krieg nachdenken. Vielleicht haben sie Angst. Sicher haben sie mehr Angst als wir, denn sie sind keine Tenharim. Wovor sie Angst haben, möchtest du wissen? Ob sie Angst vor uns haben, fragst du mich? Woher soll ich das wissen?

Ich habe keine Angst. Nicht bei der Jagd, nicht vor unseren Feinden. Beim Heranwachsen lernen wir, dass man die Angst verlieren muss. Angst hilft dir nicht im Wald. Besser als Angsthaben ist es, still zu sein. Wenn man ein Waldstück betritt, soll man wissen, was dort ist. Welche Geräusche sind zu hören? Wie riecht es hier? Was sieht man in den Bäumen, gibt es Spuren im Boden, welche Insekten fliegen herum? Sind *piums* in der Luft, die kleinen schwarzen Fliegen, die uns gerade stechen? Im Wald triffst du sie an, wenn Tiere in der Nähe sind, große Tiere, Wildschweine etwa. Siehst du? Wenn du still bist, genau schaust und hörst, kann der Wald dir alles verraten. Dann erlebst du keine Überraschungen.

Ja, ich kann sterben, ich kann mich verletzen. Was passiert, passiert. Wir weinen deswegen nicht – nicht so, wie andere weinen, die nicht zu meinem Volk gehören. Wir weinen nie aus

Angst. Weinen ist bei den Tenharim nicht gut angesehen. Es hat seinen Platz bei den Festen, bei den Beerdigungen, sonst nicht. Kann sein, dass man vor Schmerzen weint. Schmerz ist Schmerz, es kommt auf die Schwere der Verletzung an.[35] Ich habe schon mal vor Angst geweint. Einmal bin ich ins Wasser gefallen, in den Marmelos-Fluss, da konnte ich noch nicht schwimmen. Ich erinnere mich daran, dass es diesen Moment gegeben hat, wir waren auf der Jagd. Ich hatte Angst, aber ich weiß nicht mehr, wie das Gefühl damals war. Solche Gefühle hat man als kleines Kind.

Du darfst das nicht falsch verstehen. Ich habe keine Angst, aber das heißt nicht, dass ich dumme Dinge tue. Es gibt viele Momente, da ist es besser zu fliehen – vor der Anakonda zum Beispiel, und manchmal im Krieg. Wie kann ich dir das erklären? Lass uns über den Jaguar sprechen. Vor dem Jaguar darf man keine Angst haben, man muss immer auf den Kampf vorbereitet sein. Wenn ein Jaguar im Wald einen Menschen angreift, ist es ein Weibchen, das seine Jungen verteidigt. Alle Mütter verteidigen ihre Jungen, aber eine Jaguarmutter wird sehr wütend, sehr gefährlich. Der Jaguar ist wild, Obst interessiert ihn nicht. Er jagt viele Tiere, auch wenn sie größer sind als er selbst. Springt seine Beute an und beißt ihr in den Hals. So tötet er auch Menschen und frisst sie auf.

Wenn du die Reste eines Tapirs im Wald entdeckst, weißt du, dass da ein Jaguar war. Ein Tapir stirbt nicht einfach so allein. Wenn du näher rangehst, wirst du die Bisse erkennen und auf dem Boden die Spuren von Tatzen. Der Jaguar kann schneller laufen als ein Mensch, er klettert auch auf Bäume. Also, fliehen kannst du vergessen! Es hängt natürlich von der Person ab, jeder trifft seine eigene Entscheidung. Vielleicht gibt es welche, die es mit Weglaufen schaffen. Doch ich glaube, man muss vorbereitet sein zu töten. Mit einer Flinte kannst du den Jaguar erschießen, auch Pfeile sind eine gute Waffe, die Haut des Jaguars ist dünn. Dein Pfeil muss den Jaguar in der Nähe seines Herzens und seiner Lungen treffen, nur dort kannst du ihn töten. Du musst also warten, bis er springt. Der Jaguar macht einen Satz auf dich zu, du schießt deinen Pfeil, so läuft das ab. Angst nützt nichts. Du musst still sein und den richtigen Moment abpassen.

Aber weißt du, vielleicht springt der Jaguar gar nicht. Es ist schon vorgekommen, dass er seinen Angriff abbläst, kurz vor dem Sprung, dann können beide weiterleben. Wenn der Jaguar sterben muss, nimmst du ihn aus wie jedes andere Tier und bringst sein Fleisch ins Dorf. Die Tenharim haben schon viele Jaguare getötet. Du kannst ihre Felle in den Rundhäusern in der Mitte unserer Dörfer sehen, dort spannen wir sie auf.

Ich bin schon einem Jaguar im Wald begegnet, flussabwärts von hier, an den Wasserfällen von Yty'Hu. Ich fuhr im Kanu am Ufer des Flusses und wollte fischen. Als ich ihn sah, bin ich nicht weggelaufen. Der Jaguar ist weggelaufen. Ich glaube, es war ein Männchen, aber sicher bin ich nicht. Vermutlich wollte er Wasser trinken. Er sah mich und verschwand im Wald. Es war ein *onça pintada*,[36] ein Jaguar mit gelbem Fell und schwarzen Flecken. Ich hatte noch nie zuvor einen gesehen. Er war sehr schön.

Du fragst, ob gegen die Jaguare auch das Feuer hilft, das wir an unseren Lagerstätten machen? Kannst du vergessen. Ein Feuer hilft gegen die Dunkelheit. Nur gegen die Dunkelheit.

Du fragst, ob der Jaguar mein Lieblingstier ist. Nein, ich glaube nicht. Was ist überhaupt ein Lieblingstier? Ist es das Tier, das man am liebsten jagt? Dann ist es der *anta*, der hat das meiste Fleisch. Jetzt schüttelst du den Kopf. Meinst du Haustiere? Die Tenharim haben viele Tiere, die gemeinsam mit den Menschen wohnen. Hühner, Hunde, Schweine, und ja, hier sind überall Papageien.[37]

Papageien finde ich interessant. Sie machen uns Menschen nach, so wie die Tenharim die Tiere imitieren. Wir halten Papageien in den Dörfern und auch andere Vögel, weil wir ihre Federn brauchen. Unsere Frauen machen daraus Federkronen, Stirn- und Armbänder. Männer binden die Federn ans Ende der Pfeile, damit sie weit fliegen, sie halten sich dann auf einer stabilen Bahn. Wir holen schon die Vogelbabys zu uns und ziehen sie auf. Wenn die Vögel aufwachsen, wissen sie, welche Personen gut zu ihnen sind. Wir füttern sie, sie beobachten uns, und sie wissen, dass wir ihre Federn schmerzlos ziehen, immer nur ein paar. Oben, in dem Mangobaum über uns, hat bis vor ein paar Tagen noch ein Papageienpärchen gewohnt. Ich wollte es dir zeigen, aber sie haben einen Streit gehabt. Jetzt ist der Baum leer.

Ja, du hast recht. Wir verwenden auch die Federn von Adlern und Störchen in unseren Federkronen. Die kann man nicht im Dorf aufziehen. Woher die Federn kommen, möchtest du wissen? Wir gehen in den Wald und schießen die Vögel ab. Das Fleisch kann man essen, aber das machen wir nicht. Wir nehmen die Federn, und aus ihren Knochen fertigen wir Schmuck.

Siehst du dort drüben, das Gehege von Katata? Katata ist das Haustier meines Großvaters. Er hat dort seinen Platz, wohnt schon hier, seit er ein Affenbaby war. Die Kapuzineraffen sind die intelligentesten unter den Affen, sehr neugierig und vorwitzig, auch sehr vorsichtig. Schwer zu jagen! So einen hast du kürzlich im Wald gegessen. Alle paar Tage machen wir Katatas Gehege auf, dann läuft er herum. Er zerbricht Sachen im Haus und klaut Kleider von der Wäscheleine. Abhauen wird er nie, er kehrt immer ins Gehege zurück, wo sein Futternapf steht und seine Hängematte hängt. Die Kinder spielen gerne mit ihm. Haustiere muss man aus dem Wald holen, wenn sie noch Babys sind, nur dann gewöhnen sie sich an die Menschen. Die alten Leute sagen, dass es sogar mit einem Jaguarbaby gelingen kann. Ich glaube, in der alten Zeit hatten die Tenharim als Haustier einen Jaguar. Aber das ist schwierig und gefährlich. Keiner hat heute noch Lust darauf.

Es wird spät. Mein Großvater hat mich dafür eingeteilt, morgen früh aufzustehen. Wir schneiden das Schilfgras am Dorfrand zurück und suchen nach gefährlichen Schlangen. Wenn wir im Dorf sind, gibt es jede Woche solche Arbeiten zu tun. Wenn man sie nicht macht, kommen die Schlangen ins Dorf. Im Mafui-Dorf hat vergangene Woche eine Viper einen Jungen gebissen, er hat aber überlebt, läuft mit Schmerzen am Fuß herum.

Eines musst du noch wissen. Du hast schon gesehen, dass wir im Wald die Tiere rufen. Sie kommen dann zu uns. Erst hast du es nicht geglaubt, aber dann hast du es gesehen. Du weißt noch nicht, dass wir auch mit ihren Seelen reden, wenn sie schon gestorben sind. Es ist gut, das zu tun, ein wichtiger Teil der Jagd. Die Alten kennen Gesänge für jedes Tier: für die Tapire, Affen und Schweine, sogar für die Fische. Es gibt ein Lied für jede einzelne Art. Die Alten sagen: Wer mit seinem Pfeil ein Tier erlegt, hat die Pflicht zu singen. Es ist eine Botschaft an die Tiere, an ihre Seelen, ihre Verwandten. Wir denken dann an die Tiere, und wir erfahren, wie es um sie steht. Wenn wir die Tiere töten, tragen wir dann nicht auch Verantwortung dafür, dass sie wiedergeboren werden?

Die Tiere sprechen mit den Tenharim in den Träumen. Der alte Topeí im Marmelos-Dorf warnt jedes Jahr: Wenn wir viele Wildschweine töten, beschwert sich der Herr der Schweine bei ihm. Zur Mitte der Nacht singt er ein Lied voller Klagelaute: *Eee!* Bitte hört auf, es sind schon zu viele gestorben, Mütter, Kinder! So erzählt er das. Topeí sagt, das ist nicht nur eine Bitte. Auch eine Drohung steckt darin. Es gibt Jäger, die zu viele Tiere jagen, weil die Raserei sie überkommt. Dann werden sie mordlustig, sie töten mehr, als ihre Familie essen kann. Es ist schon oft mit jungen Jägern passiert. Wenn ihre Väter sie nicht stoppen können, wird der Jäger sich selber in ein Wildschwein verwandeln. Ja, der Herr der Schweine hat solche Zauberkraft, er furzt, ein schrecklicher Gestank quillt aus seinem Hintern. Dreimal furzt er, *pu!, pu!, pu!* Dem Jäger wird schwindlig, und dann wird er nie mehr gesehen. Am nächsten Tag läuft er bei den Schweinen mit.

Die alten Leute schwören, es ist schon etliche Male passiert. Viele Väter haben ihre Söhne im Wald verloren. Sie waren zu gierig hinter den Schweinen her. Die Väter rufen, und sie finden ihre Söhne nicht wieder. Sie wissen, dass sie zu Schweinen geworden sind, sie sehen es in ihren Träumen.[38]

Ich finde, die Schweinejagd ist ein schwieriges Geschäft. Es stimmt, die Schweine wehren sich. Sie laufen zusammen durch den Wald, und wenn du nicht aufpasst, gerätst du in ihren Weg. Dann stürmen sie mit gesenktem Kopf auf dich zu. Du musst wieder schnell auf einen Baum oder ein Meisterschütze sein! *Catitus*[39] und *queixadas*,[40] kleine und große Wildschweine, gibt es in unserem Wald, beide schmecken gleich gut. Du brauchst eine Strategie, um sie zu töten.

Mein Großvater Kikí erklärt es so: Die Schweine sind wie eine Gruppe von Kriegern organisiert. Er vergleicht sie sogar mit einer Armee bei euch, den Weißen. Es gibt einen General, einen Major, einen Hauptmann und so weiter. Vorneweg läuft ein Späher, das kann ein ganz kleines Wildschwein sein. Es läuft alleine voran, 200 Meter weit weg von der Rotte. Die anderen folgen auf dem

Pfad, auf dem sie den Geruch des Spähers wittern. Wenn der Späher einen Jäger bemerkt, gibt er sofort Bescheid. *Hu-Uau! Uauuauuauuau!* So spricht sich die Nachricht vom Jäger herum. Alle laufen weg in den Wald. Vielleicht greifen sie auch an.

Du kannst zwar mitten in die Rotte schießen, so tötest du ein, zwei Tiere. Die anderen rennen dann aber auf dich zu. Wenn du allein jagst, ist es besser, du wartest lange in einem Versteck und schießt einen Nachzügler ab. In einer Gruppe von Jägern kann man die Gewohnheiten der Schweine aber nutzen. Wenn man es gut plant, schießt man erst ein Junges ab – man schießt ihm ins Bein, dann macht es viel Lärm und schreit: *Héee! Héee!* Man weiß, dass bald die Mutter erscheint, voller Wut, der Rest der Sippe ist nicht weit. So kann man drei, vier Schweine auf einmal töten. Aber wehe, es ist eine große Rotte von zehn Tieren oder mehr. Dann greifen sie die Jäger an. Dann musst du um dein Leben rennen.

Von meinem Großvater habe ich nie gehört, dass Menschen sich in Schweine verwandeln. Als wir Kinder waren, hat er es uns anders erklärt. Die Tenharim haben so viele Lieder über die Schweine! Kikí sagt, dass der Herr der Wildschweine die Seelen ersetzen muss, wenn Angehörige seiner Sippe gestorben sind. Neue Schweinchen werden geboren, um den Platz der Toten einzunehmen. Das ist die Aufgabe, die der Herr der Wildschweine hat. Nachts singt er ein Lied und verabschiedet die Seelen seiner Verwandten, die gefallen sind. Dann ruft er andere Seelen herbei, damit neue Schweine geboren werden können. Wenn es schnell gehen muss, wenn zu viele Schweine getötet wurden, hat er keine große Wahl. Dann nimmt er, was er kriegen kann. Von den Alligatoren und Schlangen, von den Ameisen. Im ganzen *ka'gwyrapora*, dem Reich der Tiere, bedient er sich. Sogar aus einem alten Stück

Holz kann der Herr der Wildschweine eine Seele holen. Das funktioniert, aber gut ist es nicht.

Die Tenharim merken dann bei der nächsten Jagd, dass das Fleisch nicht schmeckt. Es ist trocken, hat keinen Saft. Man legt es auf den Grill und riecht daran, aber der Speichel mag nicht fließen. Kikí hat uns das als Kinder so erklärt, dass eine junge Seele im Schweinchen steckt. Wenn die Seele vor kurzem noch ein Stück Holz war, ein Alligator oder eine Anakonda-Schlange, wie soll das Schwein dann schmecken? Eine Schlange weiß doch nicht, dass man Früchte essen muss, um fett zu werden. Verstehst du, was mein Großvater meint? Gelbes Fleisch. Ohne Geschmack.

Doch wenn die Seele schon zum dritten oder vierten Mal in einem Wildschwein lebt, weiß sie längst, welche Früchte ein Schweinchen frisst. Sie kann gute Nahrung von schlechter unterscheiden, kennt die Blätter der Babassu-Palme und weiß von den Früchten und Samen am Ufer der Flüsse. Die Mutter wird diese Schweinchen mit Liebe säugen und die Familie beschützen. Der Vater wird für die Jungen Lieder singen und ihnen die Pfade durch den Wald erklären.

Solche Schweine werden richtig fett. Ihr Fleisch nimmt den Geschmack des Waldes an. So erneuert sich das Leben im Land der Tenharim.

7.

Nhandegwyra – Unser Land

Hast du die Soldaten gesehen? Fast hättest du sie verpasst. Schau zwischen den Bäumen durch, da fährt das 54. Bataillon, die Waldinfanterie. Die fetten Trucks des Kommandopostens aus Humaitá. Rasen so schnell über die Transamazônica, dass da gleich bloß noch eine rote Staubwolke ist.

Du findest es früh? Wir sind schon spät dran! Komm aus der Hängematte raus. Auf der Straße fahren noch weitere Autos. Da siehst du die Polizei, die weißen Trucks gehören der Baumschutzbehörde, die anderen kenne ich nicht. Hier in Marmelos wird keiner von ihnen halten. Sie brausen durch, bis zum Dorf Campinhu-hu. Es liegt wie Marmelos an der Straße. Warum fahren die alle so schnell? Mach dein Auto fertig, es ist groß und geräumig, wir wollen hinterher. Wie viele passen bei dir hinein? Wir können eng zusammenrücken.

Was schaust du? Ach, die schwarze Farbe. Alle Männer sind heute schwarz bemalt. Es ist die Farbe für Feste und für den Krieg. Die Soldaten und Polizisten ziehen ihre Uniformen an, und wir kommen in Kriegsbemalung. Sie färbt nicht ab, sagt mein Großvater Kikí. Nur dann, wenn man am Abend vorher mit einer Frau geschlafen hat. Schickes Auto. Was steht auf dem Lenkrad? «Ecosport». Kann man damit schneller fahren?

Alle Tenharim sind heute in Campinhu-hu. Wir treffen die Vertreter der Regierung. Es wird Streit geben, haben unsere Häuptlinge gesagt. Die Weißen wollen uns sprechen, weil wir keine

Geduld mehr haben, wir wollen uns nicht mehr vertrösten lassen. Schau! Viele Autos sind vor Campinhu-hu geparkt, das Fahrzeug des Bürgermeisters aus Humaitá steht da vorn und drüben die Autos der Indianerschutzbehörde. Sie müssen schon bei der Versammlung sein.

Du hast recht, die Aufregung hat mit den getöteten Weißen zu tun. Die Geschichte kommt immer wieder auf.

Du willst sie noch einmal hören? Ich weiß nichts Neues darüber, weiß überhaupt nicht viel. Kann dir nur erzählen, was alle wissen. Die Polizei sagt, die Tenharim haben die drei Männer getötet. Alle geben uns die Schuld, die Polizei, die Leute aus der Stadt, auch die Zeitungen der Weißen. Sie sagen, dass die drei Männer mit ihrem Auto über die Transamazônica fuhren, und in unserem Land wurden sie erschossen. Aber sie haben kein Auto gefunden, keine Beweise, nur die Leichen.[41] Die drei Männer wohnten in den Städten und Holzfällersiedlungen der Gegend hier. Die Polizei sagt auch, ihr Tod war eine Rache für Ivan. Ivan war der Häuptling von Campinhu-hu. Er ist zwei Wochen vorher gestorben, das war auch an der Transamazônica. Die Polizei sagt, der Tod von Ivan war ein Unfall, ein Sturz vom Motorrad, aber nicht alle glauben daran.[42] Was ich selber dazu meine? Ich meine gar nichts, ich war nicht dabei.

Die drei Männer sind verschwunden, aber ihre Leichen fand die Polizei erst viele Wochen später bei uns. Aber schon ein paar Tage davor nahm die Polizei unsere Anführer mit! Ach was, sie haben sie entführt. Sie kamen mit einem Vorwand zu meinem Volk. Die fünf Anführer sollten mitkommen, an einen anderen Ort, dort werde es eine Beratung über die Mordfälle geben. Du kennst diesen Ort, du fährst dort vorbei, wenn du uns besuchst. Er liegt an der Straße am Rio Maicí. Es ist da, wo Sula lebt, in dem gelb gestrichenen Holzhaus, dem Außenposten der Weißen im Wald. Die Lastwagenfahrer kaufen bei Sula Chips und Limonade, und Sula macht Kaffee und Pasteten mit Hackfleischfüllung. Auch die Indianer besorgen sich dort manchmal Proviant, ich selbst habe schon Pasteten bei Sula gegessen. Aber wenn wir bei Sula sind, bleiben wir nicht drinnen, wir sitzen nicht an Tischen wie die Weißen. Sulas Familie lebt schon seit Jahrzehnten am Maicí, sie hat ihren Laden dort. Das Haus liegt nicht mehr auf unserem Indianergebiet, es liegt genau an der Grenze. Dort haben die Polizisten unseren Anführern gesagt: Ihr seid festgenommen! Sie wussten von nichts. Die Polizisten haben sie reingelegt. Sie dürfen keine Indianer auf ihrem eigenen Stammesgebiet festnehmen. Aber an Sulas Haus durften sie es doch.

Später haben die Verwandten die Polizei gefragt: Wo sind unsere Anführer? Sie sagten: Wir glauben, sie sind an einem anderen Ort. Sie haben uns auch belogen. Die Polizei, die Indianerschutzbehörde, keiner hat die Wahrheit gesprochen. Unser ganzes Volk sieht es so. Sie haben unsere Anführer in ein Gefängnis in der Stadt Porto Velho gesteckt, im Nachbarstaat Rondônia, gemeinsam mit Verbrechern der Weißen. Später haben wir es erfahren. Dann haben sie die fünf in einen Waldposten ganz weit im Westen des Amazonas verlegt, Labrea. Dort waren sie aber nicht sicher. Es gab Leute in Labrea, die sie bedrohen wollten. Sie durften ihre Zellen nie verlassen. Das Essen der Weißen machte sie krank. Dann hat die Indianerschutzbehörde ein Gefängnis extra für unsere Anführer gebaut, tief im Wald. Dort konnten sie wieder ins Freie gehen und leben wie Tenharim. Doch sie waren sehr traurig und weit von ihren Familien weg.

Ich weiß nur, was die fünf zu der Sache sagen, Gilvan, Gilson, Valdinar, Simeão und Domisceno. Sie haben es nicht getan. Die

Tenharim haben die Männer nicht erschossen. Sie sagen, dass die Polizei sie zwingen wollte, die Tat zuzugeben, aber sie haben das nicht getan. Gilvan sagt, dass die Großgrundbesitzer und Holzfäller unsere Anführer loswerden wollen. Sie wollen uns Tenharim etwas anhängen, damit wir sie im Wald nicht mehr stören. Aber wir lassen uns nicht einschüchtern, wir gehen keinen Schritt zurück.

Gilvan, das ist der, der dort vorne bei den Generälen steht. Der mit dem großen Federschmuck auf dem Kopf, den Steckern im Ohr und den Rasseln an den Füßen. Ja, er ist jung, Ende zwanzig erst, Gilvan ist der jüngste Häuptling in einem Dorf der Tenharim. Er ist der Gastgeber dieser Versammlung. Vor ein paar Wochen war ein großes Fest in Campinhu-hu, da haben sie ihn zum Häuptling ernannt. Die fünf sind wieder frei, weil sie fast zwei Jahre lang in Haft waren, ohne dass es genug Beweise gab. Demnächst müssen sie wieder vor Gericht, die Polizei holt sie ab, wenn es so weit ist. Das Verfahren ist noch nicht entschieden.

Ivan sollte noch lange der Häuptling von Campinhu-hu bleiben, aber er ist ja auf der Transamazônica gestorben. Gilvan ist sein Sohn, er ist vom Clan der *mutum* wie alle unsere großen Häuptlinge und Krieger. Er ist vom gleichen Clan wie ich.[43] Gilvan sagt, dass er zum Gericht nach Manaus gehen und freigesprochen wird. Alle fünf werden dort freigesprochen. Er vertraut auf die Gerechtigkeit und auf die Justiz.

Ich sehe, du hast dich am Wildschwein bedient. Lass es dir schmecken, ich habe gesehen, wie du dir zwei Stücke genommen hast. Haha, lass für die Soldaten auch etwas übrig! Wir sind ein gastfreundliches Volk. Es gibt heute Essen für alle. Gilvan ist ein guter Häuptling, er kennt unsere Kultur, hat seine besten Jäger in den Wald geschickt. Probiere doch von beiden Gerichten. Es gibt

Wildschweinbraten geröstet und Wildschweinbraten mit Kastanien. Nimm Maniokmehl, dann bekommt es besser.

Wir sind froh, dass die Vertreter der Regierung zu uns kommen, aber wir schonen sie nicht. Wir müssen ihnen unsere Meinung sagen. Wenn wir nichts gegen die Feinde unseres Landes tun, wird die Lage nicht besser, sondern schlechter. Unsere Häuptlinge wollen der Regierung heute ein Zeitlimit setzen, zehn Tage nur. Wir haben unsere Forderungen, und sie müssen sie erfüllen. Wir wollen keinen Streit, wir wollen alles im Guten lösen, aber wir meinen es ernst. Sonst lösen wir die Dinge eben auf unsere Weise. Wir geben der Regierung eine letzte Chance.

Siehst du die Polizisten, die am Dorfrand stehen? Lass uns zur Straße laufen. Die Polizisten schauen nervös, und ich weiß, warum. An der Straße steht Ilton, der Sohn des Häuptlings von Bela Vista. Ilton hebt Löcher an der Straße aus, eins links von der Fahrbahn und eins rechts. In die Löcher kommen Astgabeln hinein, darauf wird dann ein Baumstamm gelegt, quer über die Transamazônica. Dann ist die Straße gesperrt.

Die Krieger aus Bela Vista sehen bedrohlich aus, sagst du? Ilton hat sein Gesicht schwarz angemalt und Kriegerketten um den Oberkörper geschnallt. Sieh dir seinen Schlagprügel an, das ist ein *mbuahava*, die Waffe der Tenharim. Sie wird aus hartem, schwerem Massarandubaholz[44] geschnitzt. Kann einen Schädel in zwei Stücke spalten. Ilton läuft immer mit seinem *mbuahava* rum, ohne wirst du ihn niemals sehen. Die Regierungsvertreter sind nervös, dass wir die Straße absperren. Ilton sagt, bald muss jeder einen Wegzoll zahlen: 200 Reais pro Lastwagen[45] und 60 Reais pro Auto.[46] Er sagt, in der Stadt kriegen wir auch nichts umsonst. Im Wald gelten die Gesetze der Tenharim. Schau dir die Polizisten an, sie sehen alles, sie hören Ilton reden, aber sie machen nichts.

Wir haben schon häufig die Straße abgesperrt und Wegzoll kassiert.[47] Viele Jahre lang haben wir das gemacht, seit 2006. Das Geld wurde an die Familien verteilt, aber wir haben auch Anschaffungen für die Gemeinschaft gemacht. Einige Tenharim sagen, dass uns der Wegzoll den Ärger mit den Weißen eingebracht hat. Andere sind böse, weil wir ihn im Augenblick nicht mehr kassieren. Unsere Häuptlinge haben nach dem Tod der Männer an der Straße eingewilligt, dass es keinen Wegzoll mehr geben soll. Doch zu der Abmachung gehörte, dass unsere Probleme gelöst werden! Die Regierung soll uns sagen, wie wir leben können. Wir brauchen ein Einkommen und Schutz vor unseren Feinden. Getan wurde nichts. Also können wir wieder Wegzoll nehmen.

Wegzoll ist nur das Wort, das die Weißen benutzen, *pedágio*. Wir Tenharim nennen es eigentlich nicht so. Unsere Häuptlinge nennen es «Kompensation»: für alle Schäden, die die Transamazônica uns bringt. Das gestohlene Holz, die Invasionen in unser Land, die Abgase, der Lärm. Die Weißen sollen dafür zahlen. Viele Jahre lang haben wir Geld von den Autofahrern genommen, aber nie Gewalt benutzt. Wer kein Geld hatte, musste nicht zahlen. Wir haben Listen geführt, welche Autos die Transamazônica passieren, alle Kennzeichen haben die Verwandten in einem Buch notiert. Wenn Autos ohne Kennzeichen kamen, haben wir die Details dieser Autos aufgeschrieben. Wenn die Polizisten Informationen brauchten, konnten wir ihnen die Listen zeigen. Ja, es gibt Autos und Lastwagen hier, die ohne Kennzeichen fahren. Einige sagen, dass unsere Listen die Holzfäller mehr geärgert haben als der *pedágio*. Die Großgrundbesitzer und Holzfäller machten Stimmung gegen uns wegen des Wegzolls. Sie haben den Leuten in den Städten gesagt, dass wir Erpresser sind, dass wir nicht arbeiten und auf Kosten der Autofahrer leben.

Wir bewachen unser Land. Alle Krieger meines Volkes machen dabei mit, auch die Alten. Mein Großvater Kikí ist häufig bei den Patrouillen dabei. Wir wissen, dass Holzfäller und Wilderer eindringen, seit Jahrzehnten schon. Aber seit ein paar Jahren kommen viel mehr. Es gibt einen Teil im Nordosten unseres Landes, wo große Stücke des Waldes verschwunden sind. Die Alten sagen, dass es dort früher Kastanienhaine gab und Friedhöfe für Häuptlinge aus der alten Zeit. Die Weißen haben Weiden für die Rinder daraus gemacht.

Gelten die Gesetze der Weißen denn für die Holzfäller nicht? Sonst wäre die Polizei doch ständig hier und würde sie bestrafen. Immer wieder zeigen wir Invasionen an, wir beschweren uns bei der Indianerschutzorganisation, bei der Polizei und der Baumschutzbehörde. Manchmal schicken sie ihre Vertreter, sie kommen mit ihren Trucks und reden mit uns, aber danach gibt es nicht viele Ergebnisse. Wir sollen Geduld haben! Es wird noch dauern! Seit ich ein kleiner Junge war, habe ich die Diskussionen darüber in unserem Volk gehört. Ich erinnere mich, wie mein Vater und mein Großvater immer enttäuscht von den Versammlungen mit Regierungsvertretern kamen. Da war ich noch klein.

Jetzt bin ich ein Krieger, und das Holz verlässt unser Land. Die Holzlaster fahren auf der Transamazônica vorbei, jeden Abend kannst du das Rumpeln hören und die Staubwolken sehen. An der Holzbrücke über den Marmelos-Fluss müssen sie bremsen und vorsichtig über die Planken fahren, damit sie nicht mit ihrem Laster ins Wasser stürzen. Dahinter treten sie fest aufs Gas. Einige haben Baumstämme geladen, andere schon zugeschnittene Bretter aus den Sägewerken im Holzfällerdorf. Sie fahren so schnell vorbei, wie sie können, ohne uns anzublicken. Wir wissen: Das Holz stammt von unserem Land. Mein Großvater fragt immer:

Warum steht hier kein Militär an der Straße, das die Lastwagen kontrolliert? Warum kann die Baumschutzbehörde keinen Posten an der Straße einrichten?

Doch ich habe nicht alles erzählt. Manchmal tut die Regierung doch etwas. Mein Großvater Kikí sagt, dass die Tenharim und die Jiahui einmal einen Rinderzüchter von unserem Land vertrieben haben. Die Indianerschutzbehörde hat geholfen, es wurde vor einem Gericht in der Stadt durchgesetzt. Das ist in den neunziger Jahren gewesen, sagt Kikí, es ging um 100 000 Hektar Weideland. Am Ende musste der Rinderzüchter gehen, er hat seinen eigenen Hof verbrannt. Kikí sagt: Seit damals nimmt man uns hier ernst.

Wir bewegen uns unsichtbar im Wald, wenn wir nach Eindringlingen suchen. Manchmal fotografieren wir sie mit unseren Mobiltelefonen. Es ist egal, ob wir tagsüber kommen oder in der Nacht, sie bemerken uns nicht. Ganz nah kommen wir heran. Die Holzfäller sind blind und taub im Wald. Vielleicht wird man so, wenn man den ganzen Tag lang eine Motorsäge bedient? Wenn wir ihnen etwas antun wollten, würden sie nicht mal merken, wer sie umgebracht hat. Das machen wir aber nicht. Wir sagen der Polizei Bescheid. 2012 hat eine Gruppe von Tenharim die Polizei und die Baumschutzbehörde an den Ort geführt, wo die Holzfäller waren. Aber dann ist es nicht gut ausgegangen.

Gilvan war 2012 dabei, er führte die Leute von der Regierung in den Wald. Gilvan hat Berge von Baumstämmen gesehen und viele Motorsägen und Fahrzeuge für den Holztransport. Unsere Häuptlinge sagen, dass die Holzfäller viel mehr waren als die Polizisten und unsere Krieger und dass sie Feuerwaffen trugen. Es musste Verhandlungen geben, damit die Holzfäller alle wieder ziehen ließen.[48] Unsere Häuptlinge können auch durch den Wald wieder verschwinden, für sie ist das kein Problem, aber die Leute von der

Regierung mussten mit ihren Fahrzeugen über das Gebiet der Großgrundbesitzer zurück. Am Ende mussten sie die beschlagnahmten Maschinen in einem der Holzfällerdörfer abgeben, dann durften sie wieder gehen. So ist die Geschichte, die alle erzählen.

Die Geldsucht der Weißen hat meinem Volk schon viel Leid gebracht. Gilvan hat angeordnet, dass nicht über das gesprochen werden soll, was den fünf im Gefängnis passiert ist, es soll keine Lieder darüber geben. Gilvan hat einen Sohn, er war zwei Jahre alt, als sein Vater ins Gefängnis musste. Er hat ihn dort besucht, die Indianerschutzbehörde hat einen Transport für die Angehörigen organisiert. Gilvans Junge sagt: «Zeig mir, wie man einen Pfeil und einen Bogen macht, und ich erschieße die Polizisten, die dich festgehalten haben!» Jetzt weicht der Junge nicht mehr von der Seite seines Vaters. Gilvan bereitet ihn vor, denn eines Tages wird er der Häuptling von Campinhu-hu. Gilvan sagt dem Jungen: «Mit Pfeil und Bogen löst ein Häuptling seine Probleme nicht. Ich will, dass du noch sehr viel lernst.»

Unsere Häuptlinge sagen, wir können selber die Aufsicht im Wald übernehmen, aber die Regierung muss uns dabei helfen. Wir brauchen Geld, Ausrüstung und Polizeischutz, um Eindringlinge festzunehmen. Oder wollen die etwa, dass wir die Probleme anders lösen? Unsere Häuptlinge glauben, dass ein Krieg gegen die Holzfäller nicht gut für uns wäre. Ich glaube auch, dass er nur Schlechtes bringen kann. Doch welche Wahl bleibt uns? Ich weiß, dass es andere Völker am Amazonas gibt, die von den Holzfällern und Großgrundbesitzern ermordet werden. Die Polizei hilft ihnen nicht. Ich habe das im Fernsehen gesehen, unsere Häuptlinge sprechen davon, die Vertreter der Indianerschutzbehörde auch.[49] Viele Völker sind gestorben, sogar Verwandte von uns, wenige hundert Kilometer von hier.[50] Ihr Wald ist nicht mehr da. Doch unser Fall ist anders, weil wir vorbereitet sind. Wir haben keine Angst.

Seit den neunziger Jahren, seit ich ein Baby war, wächst die Siedlung der Holzfäller neben unserem Land. Jetzt leben fünftausend Menschen dort, es gibt Supermärkte, Schulen, und dahinter sind weitere Orte. Die Holzfäller nennen ihre Siedlung «180», weil sie 180 Kilometer von der Stadt entfernt liegt, Humaitá. Es ist nicht mehr weit von Campinhu-hu, etwa 40 Kilometer, die Straße ist schlecht, aber in ein paar Stunden kommst du mit dem Auto dorthin. Wir wissen das, weil einige von uns schon mal hingefahren sind. Das war früher. Ich bin auch schon dort gewesen und mein Großvater Kikí ebenfalls. Wir haben Coca-Cola getrunken und Kekse gegessen. «Ah, ihr seid die Indios», haben sie zu meinem Großvater gesagt, aber sie haben ihm die Cola gebracht. Die Holzfäller, die in «180» leben, stammen nicht von hier. Sie ziehen aus dem ganzen Land an diesen Ort.

Wir sind Krieger, wir wissen zu kämpfen, aber wir können auch gute Freunde sein. Unsere Häuptlinge sagen, dass die Leute aus «180» schon lange eine Stromleitung haben wollten. Der Staat hat ihnen nicht geholfen, da kamen sie zu uns. Wir sollten mit der Regierung sprechen. Sie sagten: Die Indios bekommen alles von der Regierung! Unsere Häuptlinge haben dann mit der Indianerschutzorganisation gesprochen und die Behörden überzeugt. Die Stromleitung wurde an der Transamazônica gebaut, um unser Land zu versorgen. Am Ende liegt «180», es wurde mit angeschlossen. Unsere Häuptlinge sind enttäuscht von den Weißen. Sie sagen, wir hätten Anerkennung für unsere Hilfe verdient.

Die Holzfäller sind hier für das Geld. Das ist es, was sie bewegt. Ich weiß nicht, wofür sie das ganze Geld haben wollen. Sie haben schon so viel. Du sagst, dass die Holzfäller selber arme Leute sind, und vielleicht hast du recht. Sie haben es schwer, zu überleben, eine Beschäftigung zu finden, eine Familie zu ernähren. Ich habe im Fernsehen gesehen, dass es in Brasilien eine Krise gibt, dass Arbeitslosigkeit herrscht.

Aber die Chefs der Holzfäller denken nur an Geld. Sie scheren sich nicht um unser Volk und um die Tiere, ihnen ist sogar die Zukunft ihres eigenen Volkes egal. Sie schlagen nicht ein paar Baumstämme und machen dann Schluss, legen eine Pause ein, damit der Wald wieder wachsen kann. Sie roden immer weiter. Wohin wollen sie die Tiere bringen, wenn sie alle Bäume zerstört haben? Ich glaube, sie haben darüber noch gar nicht nachgedacht. Es tut mir leid für die Tiere.

Du hast mir gesagt, dass es in deinem Land keinen Wald gibt, der so wie unserer ist. Habt ihr schon alles abgeholzt? Ich weiß nicht, wie du in deinem Land lebst. Du kommst her, und ich zeige dir die Flüsse, den Wald und die Tiere. Es ist schön, dass du sie sehen kannst.

Ich war in der Stadt, Humaitá, als der Krieg mit den Weißen begann. Ich war dort, weil ich eine Schule besuchte. Damals war alles noch anders. Viele Schulkinder aus den Indianervölkern wurden nach Humaitá und sogar nach «180» gefahren, sie sollten mit den Kindern der Weißen zusammen in den Unterricht gehen. Wir wohnten in einem Haus, das für Schulkinder aus Indianerdörfern war. Es gab sogar Liebespaare, Indianer mit Weißen! Aber das Militär hat uns eingesammelt und in die Kasernen abtransportiert. Es war wegen der Toten an der Straße, sagten sie.

In Humaitá marschierten Männer mit Fackeln durch die Straßen. Sie protestierten gegen die Tenharim und alle Indianer. Sie steckten das Gebäude der Indianerschutzbehörde in Brand. Du warst damals da, sagst du? Ach, du hast es gesehen. Zwölf Autos gingen in Flammen auf, auch das Boot der Indianerschutzbehörde, die Mitarbeiter mussten fliehen. Ich habe es vom Fahrzeug der Soldaten aus gesehen, als sie uns in die Kaserne brachten. Ich sah das Feuer. Die Soldaten sagten zu uns: Ihr dürft auf den Straßen nicht gesehen werden, dort werden sie euch umbringen, ihr bleibt alle hier. Sie haben alle Indianer eingesammelt: Tenharim, Pirahã, Parintintin. Viele mussten in die Kaserne, etwa 120, denn im Dezember verkaufen die Völker Kastanien in der Stadt. So ist meine Zeit in der Schule der Weißen zu Ende gegangen.

Zehn Tage lang mussten wir bei den Soldaten bleiben. Wir durften auf Betten schlafen, jeder bekam ein eigenes Bett. Eine Frau hat in der Kaserne ein Kind zur Welt gebracht. Ich kümmerte mich um die Verwandten, aber ich sorgte mich. Wir wussten nicht, was in den Dörfern passierte, wie es unseren Familien ging. Unsere Aufgabe ist es, unsere Dörfer zu verteidigen. Als die Soldaten uns ziehen ließen, setzten sie uns mit den Militärfahrzeugen in den Dörfern ab. Ich kam an und hatte große Wut.

Am Ortseingang von Marmelos, ganz nah an der Veranda meines Großvaters Kikí, haben unsere Krieger beinahe dreihundert Weiße erschossen. Fast hätten wir das gemacht. Die Leute aus «180» kamen mit Fackeln, Waffen und Motorsägen, in Autos und auf Motorrädern. Erst zogen sie auf der Transamazônica bis ans ferne Ende unseres Reservats, zum Rio Maicí, dort haben sie unsere Straßensperre, den *pedágio*, verbrannt. Dann drehten sie um und kamen wieder zurück. Sie hatten in den anderen Orten schon Hängematten, Motorroller und andere Sachen in Brand gesteckt, aber unsere Krieger wussten das anfangs nicht. Die Weißen riefen, dass sie uns alle töten wollten. Unsere Kinder hatten Angst, als die dreihundert kamen.

Die Frauen und Kinder flohen in den Wald. Mein Cousin ging

damals einige Tage lang verloren, er war noch ein kleiner Junge. Er weint bis heute, wenn jemand davon spricht. Niemand hatte mit einem Krieg gerechnet. Die Verwandten haben den Jungen gesucht und schließlich gefunden. Er ist sehr traurig, wenn er davon erzählt, aber er hat es geschafft. Ein Tenharim-Junge weiß, wie man im Wald überlebt.

Die Weißen haben nichts gemerkt, als Botschafter aus dem Nachbardorf nach Marmelos kamen. Sie sagten unserem Häuptling Tupajakuí, dies ist keine friedliche Demonstration. Sie erzählten ihm von den Feuern in den anderen Dörfern. Sie sagten auch, dass die Krieger des Nachbardorfs weiter östlich aufgestellt waren, bereit für den Angriff. Auf unserer Seite standen die Krieger von Marmelos im Wald. Die Weißen waren umstellt, auf einen Befehl konnten wir die Straße schließen. Jeder unserer Krieger hatte drei Pfeile dabei – von der Art, wie sie einen Menschen töten. In fünfzehn Minuten hätten unsere Krieger alle dreihundert erschossen. Wir wissen, wie man das macht.[51]

Tupajakuí hat den Befehl zum Angriff damals nicht gegeben. Die Krieger waren ungeduldig, mein Großvater Kikí war bei ihnen, sie haben den Häuptling gedrängt. Wenn er in wenigen Minuten nichts entscheide, würden sie ihre Pfeile schießen, dann werde es ein Blutvergießen geben. Mein Großvater ist der beste Schütze und Waffenbauer im Dorf, er ist auch der Vizehäuptling. Seine Pfeile fliegen 100 Meter weit. Tupajakuí hat damals gesagt: Wenn die Demonstration friedlich bleibt, wenn die Weißen nur drohen und uns nicht angreifen, wollen wir sie in Ruhe lassen. Die Straße ist öffentlich.

Doch es war keine friedliche Demonstration! Hast du schon eine friedliche Demonstration gesehen, wo die Mehrheit mit Waffen kommt und an der Straße Feuer legt? Unser Häuptling sagte:

Wir wollen sehen, ob die Weißen die Grenze zu unserem Dorf überschreiten. Wenn sie auch nur zwei Meter weiter gehen, verteidigen wir uns. Du kannst mir glauben, dass die Krieger der Tenharim darauf vorbereitet waren.

Tupajakuí hat später mit uns gesprochen. Er sagt, dass er froh war, dass es an diesem Tag keinen Krieg mit den Weißen gab. Wir Tenharim ziehen nicht in den Krieg, wenn es nicht nötig ist. Tupajakuí erzählte von seinem Großvater, der immer mit ihm über den Krieg gesprochen hat. Ein Krieg braucht einen Plan für seinen Anfang und für sein Ende. Ein Krieg ist nichts wert, wenn er die Probleme größer statt kleiner macht. Dann sollte man ihn nicht beginnen. Wir wollen keinen Krieg, sagt Tupajakuí. Unser Land ist groß, aber es ist von Farmen eingekreist und von Siedlungen, in denen Holzfäller leben. Wir müssen in ihrer Mitte leben.

Wir wissen auch: Was damals mit den dreihundert geschah, kann wieder passieren. Wir sind darauf vorbereitet, jeden Tag.

Tupajakuí ist später in den Wald gegangen und hat einen Jaguar geschossen. Jetzt trägt er die Kette um den Hals, an der die zwei Greifzähne hängen. Das Fell hat er im Rundhaus, in der *oca,* aufgespannt. Er ist ein mutiger Mann.

Heute fahren die Tenharim nicht mehr nach «180». Dort gibt es nichts für uns. Wenn wir einkaufen wollen, kommen Händler her, oder wir fahren nach Humaitá, in die Stadt. Humaitá hat 50 000 Einwohner, dort schauen die Menschen uns anders an als früher, in einigen Läden und Gasthäusern sind die Tenharim nicht willkommen. Doch die Leute wissen nicht, ob wir Tenharim sind oder aus einem anderen Volk. Einige Verwandte sind dort schon angesprochen worden. Einem unserer Anführer haben sie auf der Fähre über den Rio Madeira gesagt, dass alle Indios sterben sollen. Da hat er einem das Gesicht blutig geschlagen, ha!, das hat er gemacht! Die Polizei musste kommen, und sie ließ alle wieder laufen. Manchmal fahren Leute in Autos und auf Motorrädern an unseren Dörfern vorbei und rufen Drohungen und Schimpfwörter herüber. Sie trauen sich nicht hinein.

Ich habe gehört, dass nicht mal die Beamten der Baumschutzbehörde einfach so in die Orte der Holzfäller gehen. In der Nacht sind sie schon bei uns geblieben und bei den anderen Völkern. Es hat Zusammenstöße an anderen Orten gegeben, die weiter entfernt liegen, Schießereien, Tote sogar.

Kannst du mich nicht mal mitnehmen nach «180»? Warum nicht? Du fährst morgen hin, hast du gesagt, du musst Benzin tanken und den kaputten Reifen reparieren. Brauchst du dabei keine Hilfe? Ich kenne mich mit Reifen aus. Nichts wird passieren, glaube ich. Du sagst, es werde die Leute in «180» provozieren. Es ist deine Entscheidung, dein Auto. Dann fahr eben allein hin. Glaube aber nicht, dass ich Angst habe! Du bist es, der hier Angst hat. So sieht es für mich aus. Ich habe keine Angst. Du schon.

Lass uns zurück ins Rundhaus gehen. Wir sitzen hier draußen und quatschen, aber drinnen höre ich großes Gebrüll. Vorne auf der Bühne steht der Häuptling aus Bela Vista, Manuel, sein ganzer Körper und sein Gesicht sind schwarz angemalt. Mit Pfeil und Bogen fuchtelt er vor den Regierungsvertretern herum. «Wir sind die Herren dieses Landes», ruft er. Die anderen Krieger rufen, «*Uuuuah!*» So rufen wir, wenn wir mit etwas einverstanden sind: «*Uuuuah!*»

Komm her, mein Vater ist auf die Bühne gestiegen! Er wird etwas sagen als ein Vertreter aus dem Marmelos-Dorf. Ich kann es sehen, er ist so wütend wie ich. Er sagt, es ist besser, wenn die Regierungsvertreter zuhause bleiben. «Ihr seid alle Experten darin, uns hinzuhalten!», ruft er. Alle sind ernst geworden. Die

Häuptlinge haben den Regierungsvertretern erklärt, wir haben Äxte und Sägen. Wir können die Brücken abbauen, die über die Flüsse führen. Wer kommt dann noch über die Transamazônica? Dann muss die Regierung eine andere Straße bauen. Aber nicht bei uns. *Uuuuah!*

Unsere Feinde kommen über die Straße zu uns. Wenn uns niemand hilft, wenn die Regierung uns nicht vor ihnen schützt, müssen wir die Straße eben schließen. Natürlich ist es schlecht, die Straße zu schließen, auch für uns. Was ist, wenn jemand krank wird, wenn wir Medizin aus der Stadt brauchen? Jetzt ist ein anderer Häuptling auf die Bühne getreten. Er sagt, dass die Regierungsvertreter festgenommen sind, dass sie hierbleiben müssen, bis die Probleme gelöst sind. *Uuuuah!*

Der Anwalt vom Ministerium sagt, dass er zu seiner Hochzeit nach São Paulo will. Er sagt, dass er nicht bleiben kann. Du siehst es in ihren Gesichtern, wir jagen ihnen einen Schrecken ein. Alle reden durcheinander, alle sind aufgeregt. Da, hast du das gehört? Antônio, der Anführer, der uns bei den Weißen vertritt, sagt: «Wenn die Probleme nicht gelöst werden, wird ein Massaker geschehen.» Er sagt, er meint das so, dass wir angegriffen werden und dass unsere Nachbarn nicht aufhören werden, unseren Wald zu zerstören und einen Krieg zu provozieren. Wir müssen jetzt kämpfen, sonst werden wir alles verlieren. Er sagt, dies ist *nhandegwyra*, unser Land. «Dieses Territorium wurde mit Blut erobert», sagt Antônio, «und im Namen der gefallenen Krieger verteidigen wir es heute.»

Ich weiß, du hast Zweifel daran, dass wir die Holzfäller besiegen können. Doch ich bin anderer Meinung als du. Wir sind vorbereitet. Wenn es einen Krieg gibt, müssen viele Menschen sterben, auf beiden Seiten, so ist der Krieg. Aber wir sind bereit, für die

Verteidigung unseres Volkes zu sterben. Die Krieger meines Volkes haben einen Todesschwur geleistet. Wir sind immer Krieger gewesen.

Die Beschlüsse sind gefallen. Wenn die Regierung in zehn Tagen unsere Probleme nicht löst, sperren wir die Transamazônica ab. Dann werden wir sehen, was passiert. Wenn du mich weiter fragst, sage ich dir nur, dass es nichts mehr zu sagen gibt. Ich bin wütend, und ich will jetzt schweigen.

8.

Yporokweruhua – Die Überschwemmung der Welt

In einem Traum, vor langer Zeit, lebte der Waldgott Pyreapi unter den Menschen. Doch einige sprachen schlecht über ihn und wollten ihn vertreiben. Der Häuptling Kaijarerana war ein zorniger Mann, und er bedrohte Pyreapis Familie mit Pfeil und Bogen. Sie sollten weit fortziehen, an einen anderen Ort im Wald, sonst werde er sie alle töten!

Pyreapi machte sich auf, um eine neue Heimat zu finden. Er ging in den Wald und trat in einen Baum hinein: Darf ich hier mit meiner Frau und meinen Kindern wohnen? In dem Baum lebten aber schon die Bienen, und sie sagten: Nein. Pyreapi tauchte auf den Grund des Flusses, und die Fische sagten ihm: Hier ist kein Platz für dich! Er grub sich tief in die Erde, bis er die Stadt erreichte, wo die Seelen der Toten wohnen, doch auch die anhağa schickten ihn fort. «Dann werde ich in den Himmel gehen!», sagte Pyreapi. Der Himmel war auch der letzte Ort, der noch übrig war. Pyreapi schaute nach oben und träumte mit den Wesen des Himmels. Ein Seil wurde für ihn herabgelassen, und er stieg hinauf.

Im Himmel sagten die Geier ihm, dass auch sie ihren Platz nicht hergeben wollten. «Wir leben hier, in den Wolken, doch steige noch höher, du wirst einen Ort für dich finden.» Weit oben traf Pyreapi die Göttin Jupyri, die himmlische Mutter des Lebens. Sie nahm ihn auf, wie eine Mutter es tut. Sie sagte, dass er mit seiner Familie bei ihr wohnen könne. Für die Rückkehr packte sie ihm Saatgut für Kartoffeln, Mais und Maniok ein – das war gut, denn Pyreapis

Familie hatte schon lange nichts mehr gegessen. Der Häuptling Kaijarerana ließ ihnen nichts.

«Wir werden im Himmel leben», sagte Pyreapi zu seiner Frau, «mit unserem Land und unserem Haus. Du brauchst nicht mal die Hängematte einzuwickeln, morgen früh stehen wir vor der Sonne auf.» Sie verstand nicht, wie das gehen sollte. Am Morgen klopfte ihr Mann mit einem Holzstück an den Stamm eines Baumes. «Tam!» An seinen Wurzeln entsprang eine Quelle. Er klopfte an den nächsten Baum und den nächsten, tam! tam! tam!, überall floss Wasser heraus. Die Menschen bekamen Angst, denn das Wasser überflutete die Erde, nur dort nicht, wo Pyreapi mit seiner Frau und seinen Kindern wohnte.

Es war die Zeit der yporokweruhua, der großen Flut, in der das Wasser schließlich den Wald und alle Hügel bedeckte. Die Menschen stürzten hinein, und die meisten ertranken. Nur das Landstück von Pyreapi stieg mit der Flut in die Höhe, und mittendrin stand Pyreapis Haus, das auf der Reise gen Himmel kräftig durchgeschüttelt wurde. Sie mussten es aufgeben, es fiel auseinander. Sie warfen seine Pfeiler und Streben ins Wasser, wo sie sich in Piraiba- und Pacu-Fische verwandelten, in Alligatoren, Stachelrochen und Wasserschlangen. Damals begann alles, und Pyreapi wurde zum größten Gott der Welt. Er blieb im Himmel und stieg nie wieder herab.

Auf der Erde überlebten zehn Menschen. Sie hatten sich in die Krone eines hohen Baumes geflüchtet, eine riesige Maniokpflanze,[52] *nur sie ragte noch heraus, als der Fluss die Erde bedeckte. Viele Tage lang saßen sie dort und schauten frierend auf das Wasser, doch irgendwann war die Flut vorbei und sie konnten die Erde wieder betreten. Das Erste, was sie zu essen fanden, waren die dornigen Früchte der Kaioé;*[53] *sie griffen nach ihnen und schnitten sich die Hände. Noch heute sind diese Schnitte in den Handflächen der Menschen zu sehen.*

Die Menschen standen wieder auf der Erde, sie waren die ersten Tenharim. Fünf Männer und fünf Frauen hatten überlebt, aus zwei unterschiedlichen Clans. Die einen waren Söhne und Töchter Pyreapis, des Gottes im Himmel. Ihr Wahrzeichen ist der mächtige Adler Taravé, viele Heiler und Zauberer gingen aus diesem Clan hervor. Der andere Clan waren die Kinder von Mbaira, dem Gott, der die Dinge der Erde ordnet, der Mann und Frau geschaffen hat und in den Steinen lebt. Aus ihnen werden Häuptlinge, Jäger und Krieger. Ihr Wahrzeichen ist der mutum, der zwischen den Bäumen lebt. Die Männer und Frauen wurden Paare, stets heiratet ein taravé einen mutum. Doch wie würden sie ein neues Leben beginnen? Wie konnten sie sich ernähren?

Da lief ihnen ein anta *über den Weg, ein Tapir, und sie töteten ihn. Ihnen fehlte aber Feuer, um ihn richtig zuzubereiten. Sie hatten nur die Sonne, also legten sie das Fleisch auf die Steine, damit es trocknete und haltbar wurde. Zufrieden waren sie damit nicht. Sie riefen in alle Richtungen in den Wald: «Kann jemand uns Feuer geben?»*

Da sahen sie Mbaira auf der anderen Seite des Flusses sitzen. Der Gott besaß zu dieser Zeit schon Feuer. Er konnte es den Tenharim einfach geben, doch zuerst wollte er sie testen. Wie würden sie das Feuer über den Fluss transportieren?

Die Tenharim riefen die Tiere zu Hilfe. Die Wasserschlange kam, sie lud ein Holzscheit auf ihren Rücken und schlängelte sich durch den Fluss. Doch der Fluss war um diese Jahreszeit besonders breit. Als die Schlange die Mitte erreichte, brannte das Feuer so heiß auf ihrem Rücken, dass sie auf den Grund des Flusses sank und starb. Dann versuchte die Kröte zu helfen, und die Tenharim sagten: «Die Kröte schafft das, sie trägt ja ein flüssiges Gift unter der Haut ihres Rückens, das Brennen des Feuers wird sie nicht einmal bemerken!» Doch auch die Kröte kam nur bis zur Mitte. Dann war alles Gift aus ihrem Körper entwichen und das Feuer verbrannte sie. So starb auch die Kröte.

Als Drittes kam ein kleiner Frosch den Tenharim zu Hilfe, ein kororo'ia,[54] *so winzig ist er, schau her! Zwischen diese zwei Finger würde er passen, so klein ist dieser Frosch. Er sagte: Leute, was weiß ich, ob ich das schaffen kann? Doch ich habe Mut, und man weiß ja nie. Der Frosch sprang los, te! te! te! Er schwamm durchs Wasser mit dem Feuer auf dem Rücken. Er zog an der Stelle vorbei, wo die Wasserschlange und die Kröte versagt hatten. «Er wird es schaffen!», riefen die Tenharim, «gleich erreicht er unser Ufer.» Doch der Frosch rief zurück: «Viel weiter komme ich nicht! Ihr müsst einen langen Ast abbrechen und ihn über den Fluss zu mir hinüberreichen, damit ich mich daran festhalten kann!»*

Mit letzter Kraft kletterte der Frosch auf das Stück Holz und kroch auf die andere Seite des Flusses. Doch das Feuer hatte seinen Rücken verbrannt. Es machte «psssshieu!», als die Tenharim es löschten. Die Tenharim versuchten, eine Medizin gegen Verbrennungen aufzutragen, doch der Frosch hatte große Schmerzen, seine Haut löste sich ab. Die ganze Nacht lang sang er ein Lied: Sterben kann ich jederzeit! Ich bin krank, das Feuer hat mich verbrannt!

Doch der Frosch ist nicht gestorben. Mir ist zumindest nichts vom Tod des Frosches zu Ohren gekommen, und seine Nachfahren leben noch heute an dieser Stelle des Flusses, winzig und kohlschwarz. Wenn es regnet und der Fluss besonders breit wird, also im Dezember und im Januar, werden sie wieder singen. Die Menschen hören es gern.

Seit diesem Tag haben die Tenharim das Feuer. Sie wissen, wie man es entfacht. Im Wald wächst eine Schlingpflanze namens Y'po, die für das Feuermachen geeignet ist, man schneidet einen Stab daraus und trocknet ihn in der Sonne. Dann streut man getrocknetes Pflanzenpulver in eine Schale und reibt zwischen den Handflächen den Stab, ganz schnell, bis das Feuer sich entfacht. «Bok!» macht es dann, Funken sprühen und eine Glut entsteht, rasch legt man trockene Zweige darauf, so baut man den perfekten Grill. Nicht jedem gelingt es an jedem Tag. Manchmal muss man den Y'po-Stab an den Nächsten weiterreichen, weil das Feuer nicht brennen will, aber irgendwer schafft es schon. Das Stück Y'po steckt man wieder ein, sobald das Feuer entfacht ist. Man kann es nochmal benutzen. So zünden die Tenharim das Feuer an.

Ich habe aber lange niemanden mehr gesehen, der es so macht. Wir kaufen Streichhölzer von den Weißen. Mbaira und der kororo'ia haben uns das Feuer gebracht, aber den Weißen verdanken wir, dass die Tenharim keine Blasen mehr an den Händen bekommen.

(Erzählung von Topeí «Claúdio» Tenharim, dem Lehrling des letzten Schamanen, übersetzt von drei jungen Sprach- und Kulturlehrern der Dorfschule in Marmelos. Mit Beiträgen und Ergänzungen mehrerer Familienmitglieder und der Senioren Jikai und Iguaí im Marmelos-Dorf, 19. Dezember 2016)

9.

Kwaitava – Der Weg der Schamanen

Du stellst mir Fragen, die ich nicht beantworten kann. Du musst schon verstehen, nicht zu allem werde ich etwas sagen. Doch Tupajakuí, unser Häuptling, hat erlaubt, dass du mit den Alten sprichst. Ich nehme dich heute zu ihnen mit. Ich muss dich warnen. Es ist nicht leicht, mit ihnen zu reden. Sie verstehen wenige Worte in der Sprache der *sociedade*, also werden wir Jüngeren alles übersetzen. Tupajakuí hat ein paar Lehrer aus der Dorfschule mitgeschickt. Sie passen auf, dass nichts Falsches übermittelt wird. Die Alten wissen viel. Du musst respektvoll mit ihnen sprechen.

Seit die Kinder nicht mehr in die Schulen der Weißen gehen, gibt es nur noch in den Dorfschulen Unterricht. Die Regierung schickt auch keine weißen Lehrer mehr, alle Lehrer sind jetzt aus unserem Volk, die Regierung hat ihnen einen Kurs in der Stadt gegeben. Sie unterrichten viele Fächer, Mathematik und Biologie und unsere Sprache und unsere Kultur. Einige Häuptlinge sagen, dass es auch etwas Gutes hat. Wir können unsere Kultur noch mehr stärken. Die Alten helfen jetzt im Unterricht mit. Manchmal holt Tupajakuí sie mit seinem Kleinbus in den Dörfern ab, er fährt sie in die Schulen, und dort erzählen sie ihre Geschichten. Es sind die Geschichten, die wir auch bei den Festen, bei der Jagd oder abends am Feuer hören. Heute kannst du die Alten nach allem fragen, und sie werden es dir erzählen, genau wie in der Schule.

Du hast darum gebeten, dass du einen nach dem anderen sprechen kannst. Es tut mir leid. Sie sagen, dass es nicht geht. Es sei besser, wenn sie gemeinsam hier sitzen. Ein Einzelner kann sich nicht alles merken, er vergisst die Dinge, oder sie werden blass. Ein anderer erinnert sich daran. Auf diese Weise geht nichts verloren.

Die Alten sagen, dass die Geschichten immer wieder gemeinsam erzählt werden müssen und dass jeder etwas ergänzen darf. Sie haben ihre Gewohnheiten, um sich zu erinnern. Die Erinnerung ist eine ernste Sache für sie, auf die sie sich verstehen. Sie sagen, dass man tanzen und singen soll, seinen Körper bemalen und Schmuck anlegen. Man soll die Gräber der großen Häuptlinge besuchen, auch das hilft gegen das Vergessen, und die Orte, an denen die Vorfahren Tiere jagten. Es hilft, wenn man Gegenstände aufbewahrt, die einem wichtigen Menschen früher gehörten. Es soll etwas sein, das lange hält, so wie ein Gürtel oder eine Messerscheide. Die Geschichten leben auch an den Orten und in den Dingen. Es tut mir leid, die Alten reden alle durcheinander. Dagegen ist nichts zu machen.

Die Tenharim haben keinen Pajé mehr, keinen Schamanen. Das habe ich dir schon erzählt. Die letzten drei sind an den Krankheiten der Weißen gestorben, als die Transamazônica kam. Es bedeutet, dass wir nie wieder einen Schamanen haben werden, denn Schamanen werden nicht einfach geboren. Nur ein Pajé konnte eine Seele aussuchen und sie in einen jungen Schamanen verwandeln. Er träumte mit den Geistern, und die Seele sagte ihm, in welche Frau sie geboren werden wollte. Der Schamane wusste, welche Frau seinen Nachfolger gebärt. Der Schamane hat das Kind dann ausgebildet, es zu seiner Berufung, *kwaitava*, geführt. Er hat es die Geheimnisse und Verbote gelehrt.

Es gibt so viele Dinge, die ein Pajé nicht darf, es ist ein hartes Leben! Niemals isst er Salz, und er darf keine anregenden Getränke trinken, nicht einmal Kaffee. Salz und Kaffee regen den Körper an, aber sie machen die Seele schwach. Die Pajés führten ein zurückgezogenes Leben. Sie wohnten an ruhigen Orten im Dorf, mochten keinen Lärm und empfingen wenig Besuch. Wenn ein Tenharim ein Anliegen hatte, ging zuerst der Häuptling hin, um die Besucher anzukündigen. Der Pajé wusste aber längst, wer kam.

In unserem Volk gibt es nur noch einen, den alten Topeí, der die Geister sehen kann. Er ist der Enkel von Ariu'vi, dem größten Schamanen der Tenharim. Deshalb erscheinen in seinen Träumen die Geister.[55] Ariu'vi hat Topeí viele Jahre lang ausgebildet, als er ein Junge war. Topeí sollte der nächste Schamane werden, doch am Ende blieb keine Zeit. So wurde Topeí kein Schamane. Meistens triffst du ihn im Marmelos-Dorf an, da sitzt er bei den anderen Alten unter dem Mangobaum. Sie erzählen sich die Geschichten. In seinem Ausweis steht, dass er 1954 geboren wurde, aber niemand weiß das genau. Als die Weißen kamen und uns registrierten, kannten die Verwandten ihre Geburtsdaten nicht. Die Leute von der Indianerschutzbehörde haben irgendetwas hingeschrieben, das ihnen richtig vorkam. Also kann es sein, dass das Geburtsdatum nicht stimmt. Viele glauben, dass Topeí älter ist, er erinnert sich ja noch an so viel aus der alten Zeit. Er kann sogar die Vögel nachmachen, wirklich alle Vögel, er kennt ihre Lieder und Signale. Topeí ist ein wichtiger Mann bei den Tenharim. Alle Häuptlinge suchen seinen Rat.

Früher machte der Pajé die Medizin. Die Tenharim haben die Rezepte nicht vergessen, die meisten nicht, aber die alte Medizin wird heute weniger gebraucht. Topeí sagt, dass er nie für eine Verletzung in die Stadt gefahren ist. Er geht in den Wald und holt sich, was er braucht. Manche Arzneien muss man jedes Mal frisch besorgen: ein Blatt, eine Wurzel, ein Insekt. Andere lagern die Alten in Fläschchen und Dosen. Sie raspeln die Wurzel des Andiroba-Baums[56] und sagen, dass sie besser als Jod eine Wunde desinfiziert.

Aus der Wurzel und den Stängeln der Tucajara-Pflanze[57] gewinnen sie Tropfen für die Augen – und ich kann dir bestätigen, sie sehen gut, im Wald entgeht ihnen nichts. Sie kennen eine Sorte von giftigem Honig, der in kleinen Mengen Magenbeschwerden kuriert. Ein Bad in dem Salz, das die Frauen aus der Babassu-Palme gewinnen, kann Fieber senken. Das Harz des Drachenblutbaums[58] lindert Entzündungen, ein Tropfen Copaíba-Öl kann eine Erkältung vertreiben. Topeí sagt, dass die Alten in ihren Häusern Blätter gegen Durchfälle, Halsschmerzen, Verstauchungen, Koliken, Rheuma und sogar Wurmbefall haben.

Der alte Iguaí hat ihn unterbrochen. Er sagt, dass er dabei helfen kann, wenn jemand Kräuter sucht. Das stimmt, von allen Tenharim hat er die beste Orientierung im Wald. Er kennt Wege, die außer ihm niemand mehr geht, zu den selten besuchten Orten. Die Lehrer in der Schule nennen ihn immer «unser GPS im Wald», aber Iguaí mag den Ausdruck nicht. Er hat kein Handy, sagt er, er folgt der Sonne und den Ortsangaben in den Geschichten. Jetzt redet wieder Topeí. Er meint, dass es wichtig ist, wie die Pflanzen zubereitet werden, dass es Rezepte gibt, Mischungen, Fragen der Zeit. Manche Pflanzen müssen erhitzt werden, andere nicht. Der alte Jikai fragt, wann er auf der Flöte vorspielen soll. Sofort oder erst nach dem Interview? Es tut mir leid, sie rufen alle durcheinander. Jikai ist 82 Jahre alt, so steht es in seinem Ausweis von der Regierung. Er soll jetzt als Erster sprechen, er ist der Älteste im Marmelos-Dorf.

Jikai erzählt, dass er manchmal an seine Kindheit denkt, da zog er durch die Wälder. Das Erste, woran er sich erinnert, ist sein Vater. Der Vater spielte ihm auf der Flöte vor, und später brachte er ihm das Flöten bei. Die Tenharim haben viele Arten, Flöte zu spielen. Es gibt eine Art, die nur für den Häuptling ist, und eine andere, die den Schamanen zusteht. Jikai sagt, dass sein Vater alle beide beherrschte, er war ein Meister der Musik. Seinem Sohn trug er auf, dass er immer die Flöte dabeihaben und spielen soll, bei der Jagd, beim Sammeln von Feuerholz und beim Pflanzen von Mais. Jikai baut seine Flöten selber. Er ist unser bester Flötenmacher. Vor dem Mbotava-Fest fertigt er lange Flöten aus Taboca-Schilf, *yrerua*, sie machen satte tiefe Töne. In eine Taboca muss man mit viel Kraft blasen. Der Ton ist so rau, dass er den Bauch und den Kopf vibrieren lässt. Jikai baut auch die kurzen Flöten, *jiru'a*, die nicht länger sind als eine Hand. Sie machen einen lauten hohen Ton. Wenn die Jäger aus dem Wald zurückkehren, hat jeder eine *jiru'a* dabei. Sie können darauf spielen und Signale geben, untereinander und vor der Ankunft im Dorf.

Jikai sagt, dass eine Flöte einen bestimmten Ton haben muss. Erst muss er ein passendes Schilfrohr suchen, ohne Schäden und frei von Insekten. Danach schneidet er viel und probiert lange aus, bis er die richtige hat. Viele misslungene Flöten wirft er weg. Die Flöte hält nicht das ganze Leben, selbst wenn er sie gut pflegt und sorgsam in Wasser einweicht. Ein paar Jahre lang kann er auf ihr spielen, aber irgendwann kommt kein Ton mehr heraus.

Der Vater hat Jikai den Flötenbau beigebracht und auch die anderen Arbeiten, die für Männer sind. Jikai ist ein guter Pfeilemacher, und er stellt Kopfbänder aus Papageienfedern her. Nicht jeder in unserem Volk darf jede Art von Handwerk ausführen. Manche Aufgaben sind nur für die Frauen, zum Beispiel, wenn ein Kopfschmuck für den Häuptling gebunden wird. Die Frauen ernten auch die Baumwolle und spinnen daraus die Fäden.[59] Manches Kunsthandwerk darf nur von den Angehörigen des Clans der *mutum* ausgeführt werden, anderes nur von *taravé*. Es ist wichtig, dass man alle Regeln einhält. Die Aufgabe der Alten ist es, darüber zu wachen.

Jeder Tenharim singt von Kind an die Lieder, die ihn auf seinem Weg im Leben führen. Es sind die Lieder seines Clans, seines Hauses und seines Geschlechts, die Mädchen haben andere Lieder als die Jungen. Bestimmte Ereignisse erfordern bestimmte Lieder und eine passende Musik, die man auf der Flöte spielt. Wenn ein Jäger aus dem Wald zurückkehrt, wird ein anderes Lied gesungen als bei der Geburt eines Kindes. Wenn man das Fleisch eines *anta* an die Familien verteilt, passt eine Musik dazu, und eine andere, wenn der Vater seine Tochter als Braut verspricht. Für so viele Anlässe gibt es Lieder! Die Tenharim haben Lieder für die Eröffnung des großen Mbotava-Fests und die Fahrt über den Fluss, sie singen über die Liebe und wenn ihnen die Geister der Tiere erscheinen. Wir machen Musik bei der Feier für eine erste Menstruation oder wenn ein Mann einen neuen Namen erhält.

Ha! Alle Weißen sind da so überrascht wie du. Für euch ist es schwer zu verstehen. Wir ändern unsere Namen, tragen den gleichen Namen nicht ein Leben lang. Zumindest ist es früher so gewesen. Heute ändert kaum noch jemand seinen Namen. Iguaí sagt, dass man ihn früher als Ita'ga kannte, das ist der Name eines harten Steins. Als er zum Krieger wurde, gab sein Vater ihm einen neuen Namen. Ich finde es nicht schlecht, auch wenn es diese Tradition jetzt nicht mehr gibt. Ist man der Gleiche, wenn man jung ist, ein Familienvater oder ein alter Mann?[60] Wird man nicht ein anderer Mensch, wenn man zum ersten Mal ein großes Jagdtier erlegt oder im Krieg einen Feind? Jikai sagt, dass er mit seinem Namen jetzt zufrieden ist, dass er ihn nicht mehr ändern will. Früher wurde er Jiré genannt. Jikai bedeutet: Glücklich für den Rest des Lebens.

Jikai meint, dass die Musik eine wichtige Sache ist, dass sie die Seele bewegt, sie gehört für die Tenharim zum Weiterleben dazu. Es gibt bei den Tenharim viel Musik, die traurig ist. Jikai ist manchmal allein und denkt über die Dinge nach, die es nicht mehr gibt. Sie erfüllen ihn mit Musik. Doch erst beim nächsten Fest darf er die neuen Lieder singen, nicht einfach zwischendurch. Die Tenharim haben auch Musik, die fröhlich macht. Das Fröhlichste ist das Taboca-Ritual mit den langen Flöten, denn beim Mbotava-Fest spielen alle Männer gemeinsam darauf. Jikai glaubt, dass das Taboca-Spiel Krankheiten vertreibt. Deshalb sagen die Alten, dass alle mitmachen müssen. Wer am Flötenspiel nicht teilnimmt, wird krank oder von einem Tier gebissen.

Topeí sagt, er erinnert sich noch gut an seinen Großvater, den Schamanen. Sie verbrachten viel Zeit zusammen, als er Ariu'vis Lehrling war. Er sah zu, wenn der Großvater die Menschen heilte, und er sagt auch, dass Ariu'vi mit seinen Gesängen die Geister rufen konnte. Es gab verschiedene Gesänge für verschiedene Geister, wenn ein Mensch geheilt werden musste. Schau, er ist aufgestanden und zeigt es dir! Siehst du die Kordel? Er sagt, dass du sie festhalten sollst. Verkrampf dich nicht! Die Rassel in seiner Hand ist mit getrockneten Samen gefüllt, was er murmelt, kann ich dir nicht übersetzen. Topeí streicht mit den Händen über deinen Körper, doch er berührt dich nicht. Er atmet kräftig ein und aus, er bläst. Wozu das gut ist, willst du wissen? Topeí sagt, dass du keine Stimme hast, wenn du deine Fragen stellst, dass du dauernd am Wasser nippst. Er sagt, er zeigt jetzt das Ritual gegen Schnupfen und Heiserkeit.

Glaub nicht, dass es eine Wirkung hat. Topeí hat das Ritual nicht richtig gemacht, nur vorgeführt. Sein Großvater Ariu'vi hatte ein Haus, eine *oca*, im Dorf, wo er die Menschen auf diese Weise heilte. Er legte die Kordel auf die Brust der Kranken und träumte mit den Wesen im Himmel. Nur ein Pajé kann so in den Himmel blicken. Den Kranken ging es danach besser.

Topeí sagt, dass er bei den Tenharim die Arbeit eines Schamanen ausübt. Ich wollte es dir nicht sagen, deshalb habe ich es nicht richtig erzählt. Wir dürfen mit anderen nicht darüber sprechen. Doch jetzt hat er es dir selber verraten, es ist kein Geheimnis mehr.

Wir haben einen Schamanen, einen geheimen Schamanen, aber er kann nur die einfachen Dinge tun. Topeí ist nicht den Weg der Schamanen gegangen, nicht bis zum Ende, nur einen Teil. Einige sagen, dass die großen Pajés in der früheren Zeit sogar den Sud der Timboa[61] tranken, um mit den Geistern zu sprechen, aber das macht schon lange keiner mehr. Viele Geheimnisse sind verloren. Topeí kann nur wenige Dinge tun, doch er sagt, dass er die Geister sieht und mit ihnen spricht. Die Chefs der Tiere begegnen ihm nach der Jagd, der Herr des Flusses trägt Botschaften in seine Träume. Wenn ein Geist einem Verwandten Krankheiten bringt, kündigt er sich bei Topeí vorher an. So kann er über eine Kur nachdenken. Topeí sagt, dass die Geister wie Menschen aussehen. Sie sprechen die Sprache der Tenharim.

Die Geister verraten auch, was die Zukunft bringt. Ein Pajé weiß im Voraus, was passieren wird. Ob er die Angriffe der Weißen auf unser Dorf vorhergesehen hat, möchtest du wissen? Ob er von der Verhaftung unserer fünf Anführer wusste? Ja, das wusste er, antwortet er. Er hat ein Ritual gemacht, damit nicht noch Schlimmeres passierte. Er ließ seine Seele über das Dorf und über die Straße fliegen und raubte unseren Gegnern ihren Mut.

Die Schamanen der alten Zeit sind mächtiger gewesen. Ein Pajé konnte hier mit uns sitzen, in der *oca*, er konnte sprechen wie jeder andere Mensch, doch seine Seele schwebte über die Wälder an einen anderen Ort, an viele Orte, über die ganze Welt. Er fand nie Ruhe, die Seele des Pajé schlief nie. Der Pajé wusste stets, was im Land vor sich ging: wo die Tiere waren, ob Feinde kamen, wann man die Kastanien ernten durfte. Die Pajés waren wichtig für das Volk. Wenn die Tenharim vom Fischen oder von der Jagd zurückkamen, durfte der Pajé sich als Erster etwas aussuchen. «*Amoi!* Großväterchen! Was soll heute dein Anteil sein?», fragten die Jäger. «Dieser Fisch hier, oder der Kopf des Tapirs, oder das Viertel dieses Schweins?» Der Pajé durfte sich seine Fleischstücke noch vor dem Häuptling aussuchen. Ohne ihn gab es keine gute Jagd.

Du möchtest von Topeí wissen, wie es jetzt weitergeht, was die Geister ihm über die Zukunft unseres Volkes sagen. Er antwortet dir, dass der Krieg eine Pause macht. Für einige Zeit wird es ruhiger bleiben, aber mehr weiß er nicht. Der Geist, der ihm die Zukunft verrät, hat ihn schon länger nicht mehr besucht. Topeí sagt, man darf nicht ungeduldig sein.

Nur die Pajés können mit den Geistern sprechen, doch alle Menschen können träumen. Die Tenharim wissen, dass wir auf unsere Träume hören müssen. Früher haben die Menschen sich nach dem Aufwachen ihre Träume erzählt, und die Pajés haben sich sehr dafür interessiert. Wir haben spezielle Worte, um zu berichten, wie unsere Träume waren. Wir sagen, dass die Dinge nicht in der Gegenwart passieren, dass sie aber auch nicht vorbei sind. Sie geschehen in der Zeit der Träume,[62] wir sagen: Im Traum ist es passiert. In den Träumen erfahren wir wichtige Dinge. Doch wir müssen vorsichtig sein, damit uns im Schlaf nicht die Toten besuchen, die *anhağa* und die *ra'úv*, Bilder der Seelen. Menschen sollen nicht mit den *anhağa* reden, auch nicht im Traum, nur die Schamanen können das. Die Menschen müssen sich vor den *anhağa* schützen.

Ich habe dir schon erzählt, dass wir die Toten früher in ihre Hängematten eingewickelt beerdigt haben, doch den Grund dafür habe ich nicht verraten. Die Alten glauben, dass man den Kopf besonders gut verhüllen soll. Das ist das Wichtigste, damit eine Seele den Körper nicht verlässt, während sie stirbt, sonst irrt sie zwischen den Menschen umher. Andere sagen, dass man den Kopf verhüllt, weil ein umherirrender Geist dann nichts sehen kann. Er wird dann niemandem gefährlich. In der Nacht, wenn ein Toter stirbt, zünden die Tenharim ein Feuer an, das bis zum Morgen brennen muss. Es heißt *tatá pukú*, die Totenwache. Die Seelen halten sich vom Feuer fern.

Es ist schon vorgekommen, dass die Tenharim ganze Häuser von Toten verbrannt und sie anderswo wiederaufgebaut haben. So können wir sicher sein, dass keine Geister darin wohnen. Das Trauern ist eine wichtige Zeit, sagen die Alten, wir weinen viel bei der Totenwache und bei den Festen. Wir weinen über die Verstorbenen unserer Familien und über alle Toten unseres Volkes, die Rituale sind die richtige Zeit dafür. Doch man soll die Trauer nicht in die Länge ziehen. Einige Alte sagen, wer zu lange weint und nicht aufhört, an die Verstorbenen zu denken, den laden die Geister in die Stadt der Toten ein. Wenn dein Vater gestorben ist, sollst du ihn nicht mehr Vater nennen, sondern *ji poría* – der, der mein Vater war. Eine Mutter wird ihr totes Kind nie wieder beim

Namen rufen, und andere werden den Namen des Kindes nicht vor ihr erwähnen. Ein totes Kind ist nicht mehr das Kind dieser Frau, es wird ihr *ji japikár*. Man muss viele Regeln einhalten, damit die Toten im Schlaf nicht die Lebenden quälen.

Hast du jetzt genug mit den Alten gesprochen? Stundenlang hast du mit ihnen im Rundhaus gesessen, nicht mal Zucker in deinen Kaffee gerührt. Bist du nicht müde? Du kannst morgen wieder mit ihnen sprechen. Glaub mir, sie hören nicht auf, zu erzählen, wenn du sie lässt.

Ich finde es gut, dass wir uns an die Lehren der Schamanen erinnern. Sie gehören zu unserer Kultur. Aber ich hatte schon Malaria und einmal eine Grippe mit einer schlimmen Bronchitis als Kind. Es ist viele Jahre her. Geheilt hat mich die Medizin der Weißen. Meine Mutter fuhr mich nach Humaitá, dort bin ich fünf Tage lang geblieben. In Humaitá gibt es eine Krankenstation, die nur für die Indios aus allen Völkern der Gegend ist. Dort bekommen wir Medizin, von der Krankenschwester im Marmelos-Dorf auch. Unsere traditionellen Mittel kennen sie dort nicht. Als ich Malaria hatte, gab mir mein Onkel Kikí auch die alte Arznei, er machte einen Tee aus Wurzeln. Der Tee hilft gegen die Kopfschmerzen und das Fieber, wenn man Malaria oder eine Grippe hat.

Ich habe dir aber einmal erzählt, wie die Ameise mich gebissen hat. Die Alten sagen, dass es zu unserer Ausbildung als Krieger gehört, es ist ein Wissen aus der alten Zeit. Es muss eine bestimmte Ameise sein, wir nennen sie *tuka'ndyra.*[63] Die *tyka'ndyra* ist klein und schwarz. Wir wissen, wo sie lebt. Nur diese Ameise ist geeignet für den Biss. Was ich gefühlt habe, fragst du mich? Es tut weh, sehr sogar, doch nach einigen Tagen ist alles wieder normal. Mit acht Jahren haben die Alten mir zum ersten Mal einen Ameisenbiss gegeben. Es war nur eine kleine Dosis, eine einzelne Ameise auf dem Arm, später werden es mehr. Wenn man noch nie gebissen wurde, können viele Ameisen einen Menschen töten, man bekommt ein Fieber und stirbt. Also muss man sich daran gewöhnen, auf alles vorbereitet sein. Was soll man sonst machen, wenn man im Wald von der Ameise gebissen wird?

Nach dem Ameisenbiss werden die Menschen stark. Der Körper gewinnt an Kraft. Der Geist wird klarer. Man schaut nach vorne. Beobachtet, was passiert. Nach dem Ameisenbiss siehst und hörst du besser im Wald. Wenn da eine Rotte von Schweinen ist, bemerkst du sie schon aus großer Ferne. Du hörst, wie die Schweine untereinander reden, und du verstehst, was sie sich mitteilen, welche Signale sie senden. Das ist gut für die Jagd. Und weißt du was? Sogar für das Fußballspielen ist es gut, wenn man vorher von einer Ameise gebissen wird. Dann läuft man, ohne müde zu werden, und man sieht die Dinge klar. Ich habe schon Fußball gespielt mit dem Biss einer Ameise – für das Team Marmelos 3. Du kannst es in das Buch schreiben, es funktioniert sehr gut.

Später, in der Nacht, gibt die Ameise uns einen Traum. Die Alten sagen, dass wir nicht auf alles schauen dürfen, was der Traum uns zeigt. Träume können die Wahrheit verraten, aber sie können auch täuschen. Wir dürfen nur auf die Bilder sehen, auf die wir vorbereitet sind. Wenn man es richtig macht, kann der Traum uns zeigen, wohin der Weg führt, welche Richtung wir am nächsten Morgen im Wald einschlagen sollen. Genauer kann ich es dir nicht erklären. An meine Träume erinnere ich mich nicht. Die Geister habe ich darin nie gesehen. Aber ich glaube, dass es jederzeit passieren kann.

10.

Mbaira – Der Mann mit der Maske

«Batman»? Nein, kenne ich nicht. «Star Wars»? Habe ich schon gesehen. Jetzt fragst du auch noch, welche Folge davon! Was, es gibt sieben «Star-Wars»-Filme? Ich erinnere mich nicht daran, ob es die Folge mit den Robotern und den Sturmtruppen war. Vielleicht habe ich doch keinen «Star-Wars»-Film gesehen. Ich habe davon gehört. «Star Trek»? Vielleicht. Vielleicht habe ich «Star Trek» gesehen. Seit ich ein Kind bin, schaue ich mir Filme im Fernsehen an, wenn wir im Dorf sind und nicht auf der Jagd. Mein Lieblingsfilm? Immer fragst du, was mein Lieblings-Dies und mein Lieblings-Das ist. Ich habe so etwas nicht. Ich sehe, was gerade läuft. Meistens schaue ich mir überhaupt nichts an. Länger als eine Stunde halte ich es vor einem Fernseher nicht aus.

Mir ist etwas eingefallen. Ich habe doch einen Lieblingsfilm. Er heißt: «Die Maske». Es ist kein brasilianischer Film. «Die Maske» macht lustige Sachen. Es geht um einen Mann, der eine Maske gefunden hat. Die Maske verleiht ihm die Macht, sich zu verwandeln. Mit der Maske kann er werden, was er will!

Ich weiß nicht, wo der Mann lebt. Er lebt in einer Stadt. Welche, das ist seine Sache. Die Maske hat er im Müll gefunden, und jetzt verwandelt er sich in Tiere, in andere Menschen, in verrückte Figuren, was immer er will. Anfangs wusste der Mann nicht, dass er sich verwandeln konnte, er kannte die Macht der Maske noch nicht. Später hat er sie jeden Tag benutzt. Wenn er die Maske absetzt, wird er wieder ein normaler Mensch. Dann hat er wieder Kontrolle.

Einmal hat «Die Maske» sich in einen Wolf verwandelt. Er öffnete seine Tür und trat in die Stadt. Er spielte Streiche, ging sogar in eine Schule hinein. Ein Wolf ist ein gefährliches Tier, aber in dem Film brachte er die Menschen nur zum Lachen. Niemand wurde verletzt. Ich glaube, dass «Die Maske» mehr etwas für Kinder ist. Wenn die Geschichten Wirklichkeit wären, fände sie wohl niemand lustig. Aber sie sind nicht real, es ist ein Film. In den Filmen wird die Wirklichkeit vorgespielt.

Ich erinnere mich an den Film «Avatar». Er hat mir gefallen, vielen hier gefiel er gut. Ich glaube, der Film passt zu unserer Kultur. Die Avatar-Menschen haben Pfeile. Sie sind ein Volk und verteidigen sich. Die Soldaten kommen auf ihr Land und wollen es einnehmen, aber ich weiß nicht mehr, wie und warum. Vielleicht wollen sie etwas bauen oder Bodenschätze gewinnen. Die Avatar-Menschen hatten nur Pfeile, aber die Soldaten brachten Eisenpanzer und Bomben, sie waren besser ausgestattet. Trotzdem haben die Avatar-Menschen gewonnen. Ich glaube, es hat sie stark gemacht, dass sie schon seit vielen Jahren an diesem Ort zusammenlebten. Es gab auch einen Weißen, der ihnen geholfen hat. Ich glaube, der Weiße sah, dass die Avatar-Menschen gut waren.

«Spiderman» habe ich auch gesehen. Daran gefiel mir nichts. Ich glaube nicht, dass eine Spinne einen Menschen beißt und dass der Mensch dann zur Spinne wird. Bei uns gibt es viele Spinnen im Wald. Wenn man gebissen wird, entsteht eine Wunde, die sehr lange schmerzt. Es kommt auf die Spinne an. Aber man verwandelt sich nicht. Die Geschichte in dem Film ergibt keinen Sinn. Ich weiß, dass alles in den Filmen erfunden ist, aber «Spiderman» war mir zu blöd.

(Madarejúwa «Sillas» Tenharim,
am 5. Oktober 2016 im Dorf Marmelos)

11.

Yvaga'nga – Menschen, die im Himmel leben

Ich kenne mich aus in der Stadt. Zwei Jahre lang habe ich in Humaitá gelebt, als ich zur Schule ging. Das habe ich dir schon erzählt. Meine Schule war die Álvaro-Maia-Schule auf der Straße «Süd 1». In Humaitá kann man an den Straßennamen ablesen, wo man ist. Die Stadt ist ein Gitter aus geraden Linien, ich male es dir auf. Hier ist die Schule, weit drüben auf der anderen Seite sind die Anlagen des Militärs. Da oben gibt es verschiedene Stadtteile, wo die Menschen wohnen. Am Rand, zur Autobahn hin, liegt das Zentrum mit den Geschäften. Da ist auch der Platz, wo die Busse ankommen.

Als ich zum ersten Mal in die Schule ging, hat mein Vater mich mit dem Omnibus geschickt. Die *Viação Apuí* hält am Marmelos-Dorf, wenn man sich an die Straße stellt und dem Fahrer winkt. Mein Vater hat das Ticket bezahlt, und ich bin eingestiegen. Die Fahrt dauert vier oder fünf Stunden lang und geht über die Transamazônica durch unser Land. Danach kommt das Land der Jiahui und der Parintintin. Am Madeira-Fluss müssen alle raus. Dort gibt es eine Fähre, ein großes Floß, das ein Schlepper schiebt. Manchmal geht die Fähre nicht richtig, weil Baumstämme im Wasser treiben. An anderen Tagen ist die Flut zu stark oder der Wasserstand zu niedrig, dann steckt die Fähre im Schlamm. Doch normalerweise fährt sie alle zwei Stunden über den Madeira-Fluss, und auf der anderen Seite darf man wieder in den Bus. Am Ufer beginnt schon Humaitá.

Ich hatte meine Kleider dabei, ein paar Gegenstände und meinen Federschmuck. Ohne Federschmuck reise ich nicht gern. Meine Mutter hatte mir Fleisch eingepackt, Wildschwein aus unserem Wald, dazu eine Dose Maniokmehl. Sie sagte, die Menschen in der Stadt essen viel Hühnchen und Rind, das bekommt mir nicht. Ich esse das, natürlich! Es schmeckt mir auch. Ich kann nur nicht zu viel davon essen, sonst wird mir schlecht. In der Stadt zeigten sie uns, wo wir wohnen und wo die Einschreibung für die Schule ist. Es gab Leute, die uns abholten, und die Direktorin hat uns begrüßt.

Die Schule ist ein großes Gebäude mit einem roten Ziegeldach und weißen Kacheln an den Wänden. Sie ist eine Regierungsschule, man muss für den Unterricht nichts bezahlen. Am ersten Tag hat sich jeder vorgestellt. Ich sagte, ich bin ein Indigener, bin vom Volk der Tenharim. Das hat allen gefallen. Ich dachte aber daran, dass diese Leute nicht zu meinem Volk gehören und dass ich weit weg von meiner Familie war. Die Lehrerin fragte, warum ich in die Schule gehen wollte. Ich sagte: Ich möchte etwas lernen, um meinem Volk zu helfen.

In der Schule hat mir der Biologieunterricht am besten gefallen. In der *sociedade* sprechen sie anders über den Wald als wir. Sie benutzen wissenschaftliche Wörter, geben den Pflanzen und Tieren andere Namen. Einmal hat die Lehrerin uns erklärt, wie eine Pflanze wächst, wie sie sich vom Keimling in einen reifen Strauch entwickelt, aber das lernen auch wir Tenharim. Ich fand den Unterricht über die Krankheiten interessant. Eine Pflanze kann krank werden, wenn sie von einem Pilz befallen wird. Unsere Alten haben nie über diese Krankheiten gesprochen, ich kannte sie nicht.

Ich glaube, dass die Weißen anders über die Natur denken als wir. Sie studieren alles genau, jedes Detail einer Pflanze, und sie machen Experimente damit. Die Weißen benutzen Technik, sie nehmen immer Geräte zu Hilfe, um die Natur zu verstehen. Das beste Experiment im Unterricht war die Rakete. Man schließt den Pluspol und den Minuspol an, und die Rakete fliegt in den Himmel. Die Rakete hatte ein Antriebsmittel, das die Lehrerin aus dem Tiefkühlschrank holte, danach haben wir die Rakete im Schulhof gezündet. Anschließend haben wir über Raumfahrt gesprochen, dass schon Menschen in den Weltraum und auf den Mond geflogen sind. Das hat mich interessiert.

Ich konnte den anderen Schülern im Unterricht viel erklären. Wenn wir über Tiere sprachen, wusste ich schon alles. Ich habe der Lehrerin und meinen Kollegen häufig gesagt, wie es in Wahrheit ist. Das hat ihnen gefallen. Ich hoffe, dass sie es ihren Freunden weitersagen. Ich habe erklärt, wie die Tiere im Wald zusammenleben, welche Nahrung sie brauchen und wo sie sie finden, wie sie den Tag verbringen. In Biologie habe ich die besten Noten bekommen, auch in Portugiesisch, und ich war gut im Sportunterricht. In Mathe war ich schlecht.

Als ich zur Schule ging, hatte ich Freunde unter den Weißen. Vor einiger Zeit habe ich auf Facebook eine Nachricht gefunden, einer hat mich gefragt, wie es mir geht. Sie haben mich nie in meinem Land besucht, sie sagen, sie haben keine Zeit dafür. Ich war aber damals in ihren Häusern. Das war, bevor es die Probleme gab. Wir machten Hausaufgaben zusammen.

Abends habe ich das Schülerwohnheim kaum verlassen. Wenn, dann haben wir uns auf dem Platz getroffen. Ich wollte nicht die Orte in der Stadt besuchen, die unpassend für uns sind. Es gab Schulkameraden, die uns an Orte einluden, wo man verbotene Dinge tut. Ich bin nie mitgegangen. In Humaitá sind Bars, man kann tanzen oder zu Prostituierten. Ich weiß nicht, an welche Orte sie gingen. Ich habe gerochen, dass sie Alkohol tranken. Mit solchen Leuten gehe ich keine Freundschaft ein. Ich beobachte die Leute lange, bevor ich eine Freundschaft beginne.

Ich glaube, dass die Stadt gefährlich ist. Ich hatte noch keinen Unfall, aber ich habe einen gesehen. Ein kleines Mädchen ist verunglückt, sie war noch klein, vielleicht drei Jahre alt. Sie hatte das Alter, in dem man zu laufen beginnt. Das Mädchen saß bei der Mutter hinten auf dem Fahrrad, sie fiel auf die Straße und ein Holzlaster fuhr über sie hinweg. Der Reifen des Lasters ist über ihren Kopf gerollt und hat ihn zerquetscht. Der Mutter ist nichts passiert, aber dem Mädchen. Ich denke noch an den Schmerz, den das Mädchen hatte, wenn ich davon erzähle. Das war, als ich gerade nach Humaitá gekommen war. So gefährlich ist es in der Stadt.

Vom Schülerwohnheim bis zur Schule sind es 20 Minuten zu Fuß. Man läuft an den Läden vorbei. Jeden Tag sieht man Dinge, die man gerne kaufen will. Ich hatte kein Geld, aber ich hätte gerne welches gehabt. Jeder Laden war interessant. Einer hatte Kleider, ein anderer Schuhe, der nächste Handys, Messer und Campingsachen für den Wald. Ich wollte Fußballschuhe kaufen. Eines Tages mache ich es vielleicht. Ich habe mir in der Stadt nur das Nötigste besorgt, zum Beispiel Schulmaterial.

Du hast recht, mein Handy habe ich aus der Zeit in der Stadt. Mein Vater gab mir das Geld dafür, damit ich zuhause anrufen konnte. Es gibt keinen Handy-Empfang im Marmelos-Dorf, aber damals funktionierte noch die Telefonzelle an der Straße. Wenn es dort klingelte, ging immer jemand ran und rief die Leute. Manchmal ging unser Häuptling ans Telefon, Tupajakuí, die Telefonzelle liegt neben seinem Haus. Doch seit einiger Zeit ist sie kaputt. Ich habe häufig angerufen. Es ist wichtig, dass man weiß, wie es der Familie geht, und dass die Familie weiß, wie es mir geht.

Park dein Auto unter den Mangobäumen! Ja genau, dort vorn. Wir sind angekommen, endlich, die Straße hat viele Löcher. Es ist gut, dass du nicht schneller fährst, viele Autos gehen um diese Jahreszeit auf unseren Straßen kaputt. Aber alle anderen fahren schneller als du. Jetzt sind wir spät dran. Lass uns schnell aussteigen, das Fest in der Dorfschule von Bela Vista fängt an.

Setz dich auf die Bank in der ersten Reihe. Dort kannst du die Schulmädchen besser sehen. Sie tanzen im Kreis, strecken die Arme zum Himmel, drehen sich zur Musik und klatschen. Tagelang haben sie für das Dorfschulfest geübt. Ein Lehrer aus der Stadt ist zu Besuch, er hat die Musik und die Tänze einstudiert. Die Musik ist laut, ich finde, sie hat einen guten Rhythmus. Es ist die Musik, die in den Kirchen läuft, wo die Sänger von Gott erzählen. «Gloria» singen sie. Sie haben Kerzen in der Hand. Jetzt folgt Sertanejo-Musik, sie tanzen im Kreis, fassen sich an den Händen, ein Akkordeon spielt vom Band. Sertanejo ist beliebt bei den Tenharim.

Du sagst, dass du es merkwürdig findest? Dass Sertanejo die Musik unserer Feinde, der Rinderzüchter und Holzfäller, ist? Wir hören sie gern. Für das Dorfschulfest haben die Schüler sich Sertanejo gewünscht. Du siehst, die Stimmung ist gut. Die Familien sind alle da, sie rufen und pfeifen. Ich habe nichts gegen Sertanejo. Ich habe überhaupt keine Vorlieben bei Musik. Schreib in das Buch: Ich mag Gospelmusik. Der Pastor hat mal Gospelmusik aufgelegt, ich fand sie schön.

Die Schülerinnen tragen T-Shirts und Sweatshirts in modischen Farben. Sie sind weit und lang geschnitten, die Ärmel verdecken die Oberarme. Einige Jungen tragen lange Hosen und Hemden. Das ist nicht wie beim Mbotava-Fest. Hier gibt es keine Bemalungen, Pfeile und Bogen. Die Lehrer sagen, dass gute Kleider Gott gefallen. Wie unser Gott heißt, möchtest du wissen? Jesus natürlich! Jesus und sein Vater im Himmel und der Heilige Geist. Es gibt nur einen Gott, er trägt unterschiedliche Namen, doch er ist immer der gleiche Gott.

Zwei Kirchen gibt es im Land der Tenharim, die Baptisten und die Versammlung der Christen. Früher kamen auch die katholischen Schwestern aus Humaitá, nur manchmal sieht man sie noch. Die Vertreter anderer Kirchen besuchten uns und fragten, ob sie Gottesdienste abhalten können. Sie brachten Geschenke für die Schulen und für die Häuptlinge mit. In der letzten Zeit habe ich aber keine neuen Pastoren mehr gesehen.[64] Wenn die Vereinigung der Christen einen Gottesdienst hält, fährt ihr Prediger extra aus Humaitá hierher. Er bringt auch Lautsprecher mit. Wenn der Gottesdienst läuft, kann man die Musik und das Klatschen hören. Die Leute von der Vereinigung der Christen haben das Dorfschulfest mit organisiert.

Manchmal gehe ich auch in die Kirche. Meine Familie besucht die Baptistenkirche. Einmal im Monat vielleicht, aber eigentlich noch seltener. Ich gehe mit, wenn ich Lust habe. Meistens habe ich keine Lust, zuhause kann ich mich besser ausruhen. Von der Straße aus kannst du die Kirche nicht sehen. Sie ist nur ein normales Haus hinten im Marmelos-Dorf, mit einem Palmendach. Pastor Thomas wohnt auch dort. Der Altar ist sein Küchentisch, in der Woche legt er ein Wachstuch drüber, und dahinter hat er seine Töpfe und den Herd.

Pastor Thomas ist hier geboren. Er ist ein Tenharim. Er ist der Pastor, weil er früher viel Zeit mit den zwei Missionarinnen aus Amerika verbracht hat, La Vera und Helen. Missionare sind im-

Madarejúwa Tenharim an den Wasserfällen von Yty'Hu ...

... und beim Fischfang im Marmelos-Fluss

Die Fähre über den Rio Madeira führt zum Reservat der Tenharim.

Anlegestelle für Boote im Marmelos-Dorf

Auf den alten Indianerpfaden muss Madarejúwa den Weg jedes Mal neu freischlagen.

Madarejúwa zeigt die Benutzung von Pfeil und Bogen.

Zubereitung eines Kapuzineraffen an der Feuerstelle im Lager

Brandrodungen zerstören den Amazonaswald …

… und machen Platz für Rinderherden.

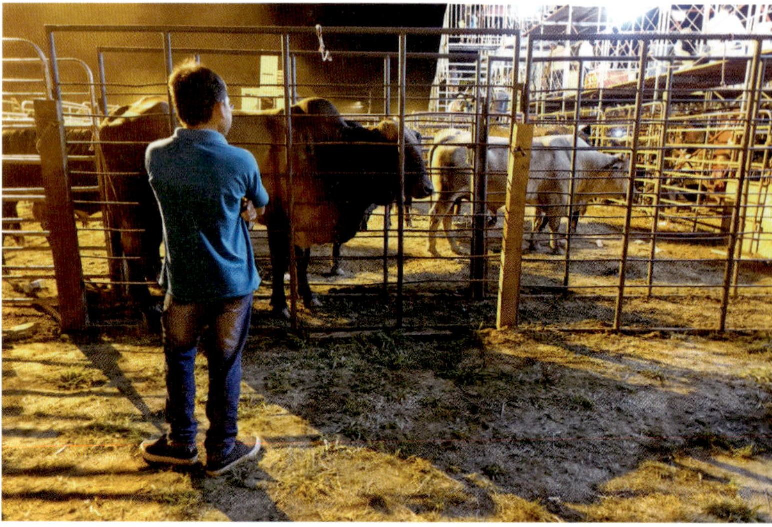

In der nahen Kleinstadt Humaitá sind Rinder Big Business.

Arbeiter eines Großfarmers am Rand des Tenharim-Reservats bereiten ein abgefackeltes Waldstück für die Landwirtschaft vor.

Tu'ã, Jahrgang 1939, stammt aus der Schamanenfamilie der Tenharim und warnt vor der Zerstörung des Regenwaldes.

Agostinho (links) und Topeí Tenharim (rechts) aus der Schamanenfamilie bewachen das Marmelos-Dorf.

Der Häuptlingssohn Ilton will eine Straßensperre an der Durchfahrtsstraße Transamazônica einrichten.

Die Transamazônica führt 4223 Kilometer von West nach Ost durch den Amazonaswald. Sie war ein Projekt der brasilianischen Militärdiktatur.

Jäger transportieren vorgeräucherte Tapir- und Wildschweinstücke ins Dorf.

Beim Räuchern nach Tenharim-Rezept wird das Fleisch für zwei Wochen haltbar gemacht. Es ist nur außen pechschwarz, innen aber rosig und saftig.

Spätestens seit dem Beginn des 20. Jahrhunderts drangen Kautschuksammler in das Gebiet der Tenharim ein, um die Latexbäume anzuritzen und aus ihrem Saft Gummi zu kochen.

Ein Tenharim-Krieger trägt für das Mbotava-Fest ...

... die traditionelle Kriegsbemalung auf.

Junge Tenharim-Frauen werden für das Mbotava-Fest …

… mit dem Muster einer Anakondaschlange bemalt.

Beim Mbotava-Fest fallen den Dorfältesten festgelegte Rollen bei den Ritualen zu. Hier der Urgroßvater von Madarejúwa, Mohã Tenharim, ca. Jahrgang 1934.

Zum Eröffnungstanz des Mbotava-Fests spielen die Häuptlinge und Dorfältesten auf Taboca-Flöten.

Festlich geschmückt warten Krieger und ihre Frauen am Dorfrand auf Gäste von anderen Amazonasvölkern.

Wer Federkronen in welcher Größe und Farbgebung tragen darf, ist streng nach Status und Clanzugehörigkeit festgelegt.

Madarejúwa kann aus den Flugbahnen der Vögel ablesen, welche Tiere sonst noch in der Gegend sind.

mer schon zu den Tenharim gekommen, sagen die Alten, aber diese zwei blieben am längsten bei uns. Sie kamen aus Kanada und den USA und haben mehr als zwanzig Jahre lang bei uns gelebt, bis 1999, sie haben sogar die Bibel übersetzt, das Neue Testament. Wir können Pastor Thomas besuchen, er kann dir die Bibel zeigen in der Sprache der Tenharim, sie heißt *Tupana'ga Nhi'iğa*. Jedes Wochenende liest er daraus vor. Er glaubt, dass die Welt bald untergeht und dass Jesus zurückkehren wird. Pastor Thomas sagt: Die Tenharim müssen sich darauf vorbereiten.

Auch mein Großvater Kikí geht manchmal in die Baptistenkirche. Er ist ein «Meister der Kultur» bei den Tenharim, aber er denkt trotzdem gut über die Kirche. Kikí war auch schon bei der Versammlung der Christen im Gottesdienst, er sagt, er hat mal vorbeigeschaut. Alle jüngeren Tenharim, die in den Dörfern an der Straße leben, sagen über sich: Wir sind Christen. Einige gehen in die Kirchen und andere nicht, das muss jeder selber entscheiden. Aber wir bewahren auch unsere Kultur, nichts darf davon verloren gehen. Nur so können wir einig bleiben, sagen die Häuptlinge und die Alten, die Kultur hält uns zusammen, sie ist älter als die Kirchen, tausende Jahre alt! Zugleich sind wir Christen. Kikí sagt, dass schon Priester gekommen sind, um unsere Teufel zu vertreiben. Er hat ihnen erklärt, dass wir keine Teufel haben.

Pastor Thomas sagt, dass Gott immer schon bei den Tenharim war, sogar bevor die Priester kamen. Er sagt, dass wir es nur nicht wussten. In unseren alten Geschichten heißt Gott Tupananga, und er ist der gleiche Gott wie bei den Christen. Auch Leandro erklärt das so, mein Onkel, der Unterricht an der Dorfschule gibt. Er sagt, dass der letzte große Pajé der Tenharim, Ariu'vi, viel mit Gott gesprochen hat. Deshalb war er so ein mächtiger Schamane. Ariu'vi hat Gott sogar eine Woche lang im Himmel besucht, sagt

Leandro. Die Verwandten haben dem Schamanen erst nichts geglaubt, aber er hat es ihnen bewiesen. Er ließ sie ganz nah zu sich kommen. Als sie dicht bei Ariu'vi standen, konnten sie hören, wie die Engel im Himmel auf ihren goldenen Trompeten spielten! Leandro sagt, dass er diese Geschichten nicht erfindet. Er wird böse, wenn man das über ihn behauptet. Er sagt, dass die Geschichten so richtig sind, wie er sie erzählt. Ich habe dazu keine Meinung. So gut kenne ich mich mit Geschichten nicht aus.

Es gibt viele Geschichten, die die Lehrer an der Dorfschule anders erzählen als die Alten. Nicht wirklich anders, nur moderner, mit mehr Details. Wir haben eine alte Geschichte darüber, wie das Land der Tenharim überflutet wurde. Das Landstück und das Haus unseres Gottes Pyreapi wurde vom Wasser in den Himmel getragen, damit er dort mit seiner Familie weiterlebt.[65] Die Alten erklären aber nicht genau, wie das ging. Jetzt erzählen einige die Geschichte so, dass das Haus an einem Seil an einer Wolke hing, an einem Seil aus Stahl, wie die Weißen es benutzen. Der heilige Petrus zog von oben an dem Seil, Petrus und die Yvaga'nga. Das sind andere Menschen, die im Himmel leben, und von denen in der Bibel steht.

Einigen Anführern der Tenharim gefällt das Schulfest nicht. Einige sind nicht hergekommen. Sie sagen, die Kirchen mischen sich in unser Leben ein. Die Kultur aus der *sociedade* wird stark und breitet sich aus. Wir gehen nicht mehr so viel in die Stadt, seit es die Probleme gab, aber die Kultur aus der Stadt kommt zu uns, in die Dörfer an der Straße. Einige sagen, die Kultur der Weißen wird zu stark bei uns, auch wegen der Kirchen.

Doch die meisten denken nicht so. Andere Anführer sagen, dass das Volk eben an Gott glaubt, lange schon. Ich glaube auch, dass jeder das allein entscheiden soll. Die meisten sagen, die Kirchen sind kein Problem. Die Pastoren dürfen ja auch nichts verbieten, was zur Kultur der Tenharim gehört: unsere Sprache, unsere Rituale, die Jagd und die Feste. Jede Entscheidung in den Dörfern muss mit den Häuptlingen abgesprochen werden. Wenn die Kirchen sich zu sehr einmischen, kann der Häuptling es ja verbieten.

Pastor Thomas sagt, dass es nur ganz wenige Probleme gibt. Einige Dinge aus unserer Kultur stehen nicht in der Bibel. Er sagt, die Bibel verbietet, dass die Tenharim mehrere Frauen haben. Ich glaube, das ist kein Problem. Nur der alte Tayrí hat mehrere Frauen. Die Bibel verbietet auch Musik und Tanzen, weil das Ehebruch ist. Aber beim Mbotava-Fest tanzen Männer und Frauen. Jetzt ist es so, dass Pastor Thomas bei den Festen zuhause bleibt. Er geht aber vorher jagen und fischen, also trägt die Kirche trotzdem zum Fest etwas bei. Damit sind alle einverstanden. Ich verstehe das auch. Wenigstens der Pastor muss sich an die Bibel halten!

Ich finde es gut, dass die Kirche sagt: Man darf keinen Alkohol trinken. Ich trinke keinen Alkohol, habe ich noch nie getrunken, andere aber schon. Einige Tenharim sind früher immer in die Stadt gefahren, da haben sie Alkohol getrunken und Zigaretten geraucht, für einen Tag oder ein Wochenende lang. Jetzt ist es schwieriger geworden mit der Stadt, aber bei den Händlern kann man Bier und Cachaça-Schnaps und Zigaretten kaufen. Das machen vier oder fünf von den Jüngeren aus dem Marmelos-Dorf. Die Erwachsenen sagen ihnen nichts, weil sie schon das Alter haben und selbständig sind.[66] Ich finde auch, das ist ihre Sache. Das muss jeder selber entscheiden. Ich weiß nicht, warum Leute Alkohol trinken oder Drogen nehmen. Ich verstehe nicht, was es ihnen bringt. Es ist eine Frage, die ich habe, ich möchte es wirklich gerne wissen.

Gestern haben wir so lange über die Versammlung in Campinhu-hu gesprochen, mit den Soldaten und Regierungsvertretern! Ich habe noch einmal darüber nachgedacht. Am Ende haben alle die Frage gestellt: Wie sollen die Tenharim überhaupt leben? Wir müssen die Dinge bezahlen, die wir brauchen. Unsere Häuptlinge haben den Regierungsvertretern gesagt, dass wir Geld haben müssen, wenn wir in die Stadt fahren und Medizin, Essen, Kleider kaufen. Jetzt bezahlen wir für unseren Strom. Der *pedágio* war eine Lösung, als es den Wegzoll gab, hatten wir etwas Geld. Vielleicht fangen wir jetzt damit wieder an, aber die Weißen wollen das nicht, es kann viel Streit geben.

Wie sollen wir denn leben? Ich glaube, dass die Weißen voller Widersprüche sind. Einige sagen: Ihr seid keine richtigen Indianer! Ihr wollt viele Dinge kaufen, lebt nicht wie eure Vorfahren nackt im Wald. Aber sie sind gekommen und haben eine Straße mitten durch unser Land gebaut. Wir passen uns an, tragen ihre Kleider, essen ihr Essen, gehen in die Stadt. Das aber gefällt ihnen auch nicht.

Sie sagen, wir sollen lesen und schreiben lernen. Das tun wir, die jüngeren Leute sprechen die Sprache der *sociedade*. Viele sind in der Stadt zur Schule gegangen, so wie ich. Mein Onkel Leandro sagt, so lernen wir auch, dass die Weißen Gesetze haben und dass wir unsere Rechte durchsetzen können. Leandro sagt: Man kann den Pfeil und Bogen gegen den Stift und das Papier eintauschen, auch das ist eine Waffe. Jetzt wissen wir, wie man die Polizei ruft und mit den Behörden redet, unsere Häuptlinge tun das oft. Das gefällt den Weißen wieder nicht.

Die Großgrundbesitzer reden so über uns: Die Indianer haben viel Land, aber sie arbeiten nicht! Sie sagen, wir sind ein Hindernis für die Entwicklung. Wir können bloß jagen, essen und Kinder kriegen. So denken wir aber nicht. Die jungen Häuptlinge sagen, dass die Tenharim sich entwickeln müssen, dass wir auch etwas produzieren sollen. Gilvan ist zum Beispiel dieser Meinung. Er glaubt, die Tenharim sollen auf eigenen Beinen stehen und nicht auf Hilfen der Regierung warten.

Die Häuptlinge sagen: Okay, wir wollen Geld verdienen, wir denken über Landwirtschaft nach. Wir können Landwirtschaft betreiben, das gehört zu unserer Tradition, wir bauen Mais, Maniok, Kartoffeln und Gemüse an. Das können wir auch auf größeren Feldern tun und die Erträge verkaufen. Aber bei der Versammlung haben der Mann von der Baumschutzbehörde und der Mann von der Indianerschutzbehörde gesagt: Nein, ihr müsst den Wald schützen! Die Tenharim dürfen keine Felder anlegen. Nur für den eigenen Gebrauch dürfen wir das, für die Versorgung unserer Familien. Also, wie sollen wir denn leben?

Unsere Häuptlinge haben noch andere Ideen. Entwicklungshelfer, Organisationen, die indigene Völker beraten, und Leute von der Regierung des Bundesstaates Amazonas sind hier entlanggekommen und haben Vorschläge gemacht. Sie haben uns geraten, wir sollen ein Gasthaus an den Wasserfällen von Yty'Hu einrichten. Vielleicht machen wir das. Unsere Häuptlinge haben zugestimmt, dass Sportfischer in den unteren Flusslauf des Rio Marmelos fahren dürfen, einmal im Jahr. Sie müssen aber versprechen, die Tiere zu fischen und sie dann wieder lebendig ins Wasser zu werfen. Niemand darf unsere Tiere mitnehmen oder unsere Natur zerstören.

Aber immer scheitert es an irgendwelchen Regeln und Gesetzen. Unsere Häuptlinge sagen, die Leute von der Regierung machen Versprechungen und dann passiert nichts. Das ist eine der Forderungen, die wir haben, die Regierung soll diese Probleme lösen. Der Mann von der Indianerschutzbehörde sagt, dass erst das Einverständnis aller Anwohner am Rio Marmelos eingeholt werden muss, bevor ein Touristenboot durchfahren darf. Haha! Haben sie uns etwa gefragt, als sie ihre Straße durch unser Land gebaut haben?

Wir sind am Limit angekommen. Die Regierung löst keines unserer Probleme. Wir bewahren die Natur in unserem Land und bekommen von der *sociedade* nichts. Es ist ein großes, schönes Land, und wir sind seine Herren, denn bei der Jagd und der Kastanienernte ziehen wir dort unserer Wege. Eigentlich sind wir reich, aber in den Dörfern an der Straße leben wir in kleinen Häusern und teilen uns eine Toilette. So reden einige bei uns. Wenn du unser Land verlässt, siehst du, dass die Weißen draußen alles zerstört haben. Der Wald steht nur noch bei uns. Für wen haben wir diesen Wald bewahrt? Damit jetzt die Holzfäller kommen, unsere Bäume stehlen und noch reicher werden?

Früher haben unsere Häuptlinge gesagt: Die Indianerschutzbehörde ist wie ein Vater für uns. Heute glauben wir, dass wir den Weißen nicht vertrauen können. Sie haben unsere Probleme nicht gelöst. Jetzt sagen wir den Soldaten, den Polizisten und den Regierungsvertretern ins Gesicht: Wir vertrauen euch nicht mehr!

Unsere Nachbarn, die Parintintin, haben sich auf die Weißen verlassen. Mein Onkel Leandro sagt, dass die Parintintin in dieser Gegend den ersten Kontakt mit den Weißen hatten, schon in den 1920er Jahren.[67] Heute ist ihre Kultur fast verschwunden. Sie sind traurig darüber und versuchen, sie zu retten. Sie kommen zu uns mit Fragen, weil unsere Sprache und unsere Kultur ähnlich sind. Die Parintintin gehören zu den Kagwahiva-Völkern wie wir. Vor sehr langer Zeit waren wir ein gemeinsames Volk. Die Parintintin haben so viel vergessen, dass sie kaum die Sprache verstehen. Sie finden die richtigen Worte nicht, bilden nur einfache Sätze.

Es gibt in der Gegend auch die Pirahã, sie sind unsere Nachbarn am Maicí.[68] Die Pirahã sind das Volk, das noch am traditionellsten lebt, fast so wie in der alten Zeit. Ich glaube, sie verstehen kaum Portugiesisch. Sie können nicht richtig mit den Weißen reden und ihre Rechte durchsetzen. Sie haben Probleme mit Wilderern und Holzfällern genau wie wir. Wenn die Pirahã im Wald etwas gegen die Invasoren unternehmen, gehen die Weißen zur Polizei und zur Indianerschutzbehörde und beschweren sich über die Pirahã. Sie sagen: Der Indio hat unsere Sachen gestohlen! Der Indianer hat meine Frau mit Pfeilen erschossen! Dann wissen die Pirahã-Indianer gar nicht, was sie machen sollen. Sie verstehen nichts.

Also finde ich es besser, wenn wir die Weißen gut kennen. Ich glaube, es ist gut, dass wir ihre Städte besuchen und ihre Sprache sprechen, Computer und Handys bedienen. Mein Onkel Leandro hat wohl recht: Wir können uns mit den Waffen der Weißen auch gegen die Weißen wehren.

Vielleicht ist es besser, wenn wir die Bäume selber fällen. Das haben unsere Anführer den Regierungsvertretern schon gesagt. Einige Häuptlinge denken so. Sie wollen ein Stück Wald abholzen. Nur ein Stück, sagen sie, nicht den ganzen Wald, unser Land ist groß. Vertreter von Hilfsorganisationen haben uns erklärt, dass es «gemanagten Wald» gibt, mit einem «Bewirtschaftungsplan». Wir wollen alles ganz legal machen, alles nach den brasilianischen Gesetzen![69] Es bedeutet, dass wir einen Baum fällen, und danach pflanzen wir einen neuen. Wir wollen nicht, dass der Wald kleiner wird. Wir sind nicht wie die Weißen. Die Weißen nehmen die Baumstämme mit, verschwinden und hinterlassen nur Verwüstung. In unserem Land sind auch Gegenden, in denen gar keine Bäume wachsen. Da können wir Felder anlegen, ohne Bäume zu fällen, wir brauchen nur Maschinen. Du hast recht, das hat es noch nie gegeben in unserem Volk. Es würde etwas Neues sein.

Die Indianerschutzbehörde und die Baumschutzbehörde sagen, dass wir das nicht dürfen. Ich verstehe nicht, warum wir sie überhaupt um Erlaubnis fragen sollen. Es ist unser Land! Die Älteren erinnern sich daran, dass die Tenharim schon einmal mit Holzfällern zusammengearbeitet haben. Das war in den siebziger Jahren, als die Transamazônica neu war und wir noch nichts wussten. Ein Unternehmer hat den Tenharim Geld versprochen und Baumstämme abgeholzt. Das war illegal. Es gab nur Zerstörung und Streit und wenig Geld. Die Häuptlinge haben den Holzfäller wieder rausgeworfen. Sie sagen, die Tenharim haben aus ihren Fehlern gelernt.[70] So wie damals wird es nicht nochmal passieren.

Ich finde, es tut weh, einen Baum zu töten. Wir sind aber am Limit. Was sollen wir machen? Die anderen holzen unsere Bäume sowieso ab. Die Regierung hilft uns nicht. Ich weiß, wie man einen Baum fällt. Die Arbeit als Holzfäller könnte ich gut machen. Ich würde das aber nicht gerne machen. Ich will keinen Baum sterben sehen. Es ist besser, wenn wir den Wald bewahren. Doch irgendwas muss geschehen.

Die Tenharim könnten viel Geld mit dem Baumfällen verdienen. Dann wird es regnen, Geld regnen, *ey?* Dann wollen alle unsere Freunde sein. Jeder muss dann selber entscheiden, was er mit dem Geld machen will. Ich habe andere Vorstellungen als die Leute, die viel an Geld denken. Ich habe meine Pläne, aber darüber rede ich nicht. Geld fliegt einfach so weg, sagt mein Großvater Kikí. Das ist auch meine Meinung dazu. Ich glaube, dass Geld nichts Dauerhaftes ist.

Das Schulfest ist gleich zu Ende. Die Musik werden sie noch lange spielen, einige machen eine Party, aber die Familien fahren zurück in ihre Dörfer. Hast du gesehen? Die Mädchen finden den Choreografielehrer toll. Einige sagen, sie wollen mal zu ihm in die Stadt reisen und mehr von der Welt der Weißen sehen. Andere bewundern die Pastoren, die als Gastprediger hierherkommen, mit ihren schönen Autos und teuren Schuhen. Ich glaube, das muss jeder selber wissen.

Viele Jüngere, die in den Dörfern an der Straße leben, sind von der *sociedade* angezogen. Sie mögen die Schaufenster in Humaitá und die Werbung im Fernsehen. Einige fahren alle paar Wochen in die Stadt und gehen in die Geschäfte, manche waren sogar schon in Porto Velho.[71] In Porto Velho kann man im «Haus des Indianers» wohnen, zum Beispiel, wenn man einen Führerschein macht. Die Indianerschutzbehörde bezahlt alles, und später darf man den Kleinbus auf der Transamazônica fahren und Geld verdienen. Im «Haus des Indianers» trifft man Leute aus allen Stämmen im Amazonaswald, die zur Fahrschule gehen. Manchen gefällt es gut in der Stadt. Sie kommen zurück und hätten gerne mehr Geld, bessere Handys und neue Turnschuhe, Motorroller und Autos.

Ganz wenige Tenharim wohnen in der Stadt. Einer ist Soldat geworden, vor vielen Jahren schon, ein anderer arbeitet bei der Feuerwehr. Mich haben sie damals gefragt, ob ich in Humaitá bleiben will. Ich konnte bei den Soldaten bleiben und Geld verdienen. Ich war damals in der Kaserne, das habe ich dir schon erzählt. Dort haben sie mich gefragt.

Ich bin bereits ein Krieger. Ich beherrsche das Töten mit Pfeil und Bogen und den Umgang mit einem Gewehr. Ich kenne die Kriegstaktiken meines Volkes. Wenn ich zum Militär gehen würde, wäre es eine Ergänzung. Ich fände es schon interessant. Dann wäre ich noch besser ausgebildet, für alle Gelegenheiten. In der Kaserne sagen sie, dass sie es gerne haben, wenn wir *indígenas* in den Militärdienst kommen. Ich glaube, sie wollen lernen, wie wir es machen: leben im Wald. Sie haben ja keine Ahnung, wie das geht. Die Soldaten wissen nicht, welche Früchte man essen kann und welche nicht. Im Wald muss man aber tage- oder wochenlang durchhalten. Die Soldaten gehen in den Wald, aber sie kennen sich dort nicht aus. Ich weiß es nicht genau, ich war nie zusammen mit ihnen dort, aber so habe ich es gehört. Sie müssen viel lernen.

Der General hat mit mir gesprochen. Seinen Namen habe ich vergessen. Der General war auch schon in den Dörfern und hat den Häuptlingen gesagt, sie sollen Männer schicken.

Zehn Tage lang bin ich bei den Soldaten geblieben. Es hat mir nicht gut gefallen in der Kaserne. Wir mussten nicht so früh aufstehen wie die Soldaten, für uns gab es dort nichts zu tun. Wir haben ausgeschlafen und Frühstück gegessen. Die Soldaten stehen um drei Uhr morgens auf, ich weiß nicht, warum. Ich glaube, das brasilianische Gesetz schreibt das für die Soldaten vor. Das Essen war gut: Kekse, Fleisch, Kaffee, solche Dinge. Das Leben der Soldaten erschien mir aber hart.

Danach bin ich nur ein paarmal in der Stadt gewesen, wenn wir unbedingt etwas brauchen oder wenn wir zum Arzt müssen. Mein Vater hat sich vor einer Woche beim Arbeiten im Gras die Hand mit der Machete geschnitten. Das konnte die Krankenschwester im Dorf nicht nähen, der Schnitt war zu groß, dafür ist er in die Stadt gefahren. Ich glaube, es gibt zu viel Lärm in der Stadt, viele Geräusche und Signale: Telefon, Musiklautsprecher, der Autolärm, das Warnsignal der Polizeifahrzeuge und die Flugzeuge.

Ich weiß nicht, ob die Menschen der *sociedade* in der Stadt ein gutes Leben führen mit diesem Lärm. Dafür kenne ich ihre Kultur zu wenig. Vielleicht macht der Lärm ihnen nichts aus. Ich glaube, einige leben gut und andere schlecht. Ich will dort nicht leben, habe keine Sehnsucht nach der Stadt. Ich bin von hier, von diesem Ort im Wald, ich will immer hier leben.

Doch wenn wir weiterleben wollen, müssen wir auch eine Lösung für die Probleme finden, zusammen mit der Indianerschutzbehörde und allen von der Regierung. Wir brauchen eine Lösung, mit der alle Verwandten zufrieden sind, auch die, die gerne in die Stadt fahren und Dinge einkaufen. Wir müssen einig bleiben, als Volk Tenharim. Wir werden unser Land verteidigen, und wir müssen eine Lösung finden, wie alle leben können.

12.

Avujipava – Sie waren Kannibalen

Lange hat mein Volk ein Geheimnis gehütet. Doch die Häuptlinge haben entschieden, dass ich mit dir darüber reden darf. Auf unserem Land, noch hinter dem Kastanienhain von São Luis, leben einige Tenharim wie in der alten Zeit. Wir glauben, dass sie ohne Kleider im Wald herumlaufen. Sie ziehen als Nomaden umher und leben von der Jagd. Nie bleiben sie dauerhaft an einem Ort, vielleicht ein, zwei oder drei Monate lang. Wenn sie jagen, legen sie weite Wege zurück, viel größere Strecken als wir heutzutage. So war das alte Leben der Tenharim.

Ich habe sie nie gesehen. Doch seit ich ein Kind bin, erzählen die Alten uns von den Verwandten im Wald, die niemals Kontakt mit den Weißen hatten. Sie sind *avujipava*, Verwandte vom gleichen Stamm. Sie sind Teil der Geschichten und unserer Lieder. Die Alten sagen, dass es wichtig ist, alles über sie zu wissen. Jeder von uns kann ihnen bei der Jagd begegnen, und wir sollen darauf vorbereitet sein. Als die Weißen die Tenharim entdeckten, als sie mit Booten und Flugzeugen kamen und ihre Straße bauten, rannten die Verwandten in den Wald. Sie sind bis heute auf der Flucht.[72] Wir nennen sie: unsere isolierten Verwandten.[73]

Einige von uns haben schon Begegnungen gehabt, ganz selten, doch es geschieht immer wieder. Die Verwandten wollen nicht reden, auch nicht mit uns. Mein Urgroßvater Mohã hat sie vor einigen Jahren gesehen, am Ufer des Schwarzen Flusses, aber sie rannten in den Wald. Mohã trug schon ein Wildschwein auf dem

Rücken, er legte es ab und lief hinter ihnen her. Er wollte mit ihnen sprechen, aber dann hat er sie nicht mehr gesehen. Im Wald fand mein Urgroßvater ein Haus. In der Feuerstelle war noch Glut, im Dorf roch es nach brennendem Holz. Mohã sah Pfeile und geflochtene Körbe, die genau wie unsere waren. Er sagt, das Haus war nach der alten Art gebaut. Er rief, aber die Verwandten kamen nicht mehr zurück, sie sind nie wieder in das Haus zurückgekehrt. Jahrelang stand es verlassen im Wald. Viele von uns haben es gesehen.

Mein Urgroßvater lief schnell wieder zum Fluss zurück. Er wusste, die Lage konnte gefährlich sein. Wir Tenharim können uns gut im Wald verstecken, und unsere Verwandten natürlich auch. Es ist eine Kriegslist der Tenharim, rasch in den Wald zu fliehen und heimlich wieder zurückzukehren, für einen Überraschungsangriff. Also nahm mein Urgroßvater das Wildschwein mit und lief davon.

Am häufigsten begegnen wir den Verwandten nahe den Kastanienhainen in der Nähe von Pagão und São Luis, wo unsere alten Dörfer waren, und am Schwarzen Fluss. Jäger aus anderen Dörfern erzählen, dass sie schon mal einen weggeworfenen Korb in den Jagdgebieten finden, wo vorher niemand von uns war. Unser Häuptling Tupajakuí und Manuel Duca, der Häuptling von Bela Vista, haben mit den Verwandten Pfeifsignale ausgetauscht. Das haben beide den Forschern von der Regierung erzählt. Duca hat schon geheime Pfade der Verwandten im Wald entdeckt, mit abgebrochenen Ästen und anderen Zeichen, und er ist ihnen ein Stück weit gefolgt. Er sagte den Forschern, dass die Verwandten 2004, bei der Jagd, einmal sogar seine kleine Tochter entführen wollten!

Die Häuptlinge glauben, dass es gut ist, jetzt von den isolierten

Verwandten zu sprechen. Es kann uns helfen, vielleicht beachtet die Regierung uns dann mehr. Es kann für unseren Kampf nützlich sein, wenn wir allen von den Verwandten im Wald erzählen.

Für das Volk der Tenharim hat es große Bedeutung, dass es die Verwandten noch gibt. Wir hoffen, dass wir in der Zukunft mit ihnen reden können, dass wir wieder zusammenleben als ein vereintes Volk.

Manchmal stelle ich mir vor, ich bin im Wald unterwegs und ich treffe die isolierten Verwandten dort. Es könnte ja nächste Woche schon passieren! Morgen sogar! Werden sie sich erschrecken? Werden sie fliehen? Sie werden mich fragen, was Kleider sind, wofür sie taugen, warum ich sie trage. Sie wollen wohl wissen, ob sie mir Schmerzen bereiten. Keine Ahnung, was ich ihnen dann sagen soll. Dass ich eine Badeshorts trage, weil man es heute so macht? Alles wird neu für sie sein, sie wissen ja von nichts.

Das heißt: Ich bin nicht sicher. Sie bewegen sich im Wald so leise wie wir. Wahrscheinlich haben sie uns schon gesehen, wenn wir auf die Jagd gegangen sind. Sicher haben sie uns heimlich beobachtet. Vielleicht haben sie Spione geschickt, und sie waren schon nahe an unseren Dörfern.

Ich werde ihnen sagen, dass ich ein Krieger bin. Ich weiß, dass die anderen auch Krieger sind. Wir stammen aus einem gemeinsamen Volk, also sind wir gleich. An meiner Sprache werden sie hören, dass ich die Wahrheit sage, das glaube ich immerhin. Am Anfang ist es sicher sehr schwer, aber ich werde etwas sagen, sie werden etwas sagen, dann findet man schon zusammen.

Vielleicht haben sie noch einen Pajé? Den würde ich gerne treffen. Wir könnten uns wieder an Dinge erinnern, die unser Volk schon vergessen hat, alte Gesänge und Formeln, die die Geister rufen, und Arzneimittel aus der alten Zeit. Vielleicht wissen sie noch, welche Medizin die richtige ist, damit eine Frau mehr Kinder bekommt. Unsere Alten sagen, das haben sie vergessen. Sie sagen, früher hat es auch eine Medizin dafür gegeben, wenn eine Familie keine Kinder mehr haben wollte. Man ging zum Schamanen und sagte: Ich habe schon drei Kinder, und jetzt sind es genug.

Ich werde den Verwandten über die *sociedade* erzählen. Die kennen sie ja nicht. Ich erkläre ihnen, dass wir Kontakt mit Menschen haben, die keine Indianer sind, dass diese Leute Kleider tragen. Ja, ich bin mir sicher, dass ich zuerst das mit den Kleidern erklären muss. Ich kann zum Beispiel sagen, dass die Kleidung gegen das Klima schützt, dass es gut ist, sie zu benutzen. Vielleicht wollen sie dann auch Kleider anprobieren. Es wird sicher dauern, bis sie sich daran gewöhnen. Ich werde ihnen auch mein Handy zeigen. Davon werden sie aber nichts verstehen. Ein Handy ist Technologie. Ich werde ihnen sagen: In der Kultur der Weißen gibt es solche Dinge.

Ich werde ihnen aber auch sagen: Es ist besser, keinen Kontakt mit den Weißen zu haben. Mein Volk hatte keine Wahl. Wir mussten den Kontakt aufnehmen, weil die Weißen die Transamazônica bauten, weil ihre Straße mitten durch unsere Dörfer ging. Ich werde alles schrittweise erklären, das muss man ganz langsam tun. Ich finde, dass sie dann selber entscheiden müssen. Vielleicht sagen die Verwandten, dass sie immer noch keinen Kontakt haben wollen. Kann doch sein, oder? Dann antworte ich: «Alles klar, ihr seid die Chefs!»

Im vergangenen Jahr war eine Expedition bei uns zu Gast, die von der Regierung geschickt wurde. Mitarbeiter der Indianerschutzbehörde, Anthropologen, Biologen und so weiter wollten die isolierten Verwandten suchen. Mein Großvater Kikí ist mitgefahren, aber er war sich gar nicht sicher, ob es gut war. Kikí hat der Indianerschutzbehörde schon früher geholfen, als junger Mann. Er half der Regierung, Kontakt mit anderen Kagwahiva-Völkern im Wald aufzunehmen. Er weiß ja so viel, ist ein Meister der Kultur. Die Weißen brachten ihn im Flugzeug tief in den Wald, und er rief in unserer Sprache: «Wir bringen euch Geschenke, die Regierung bringt euch Geschenke!» Dann legten sie Teller und Kleider hin, so entstand der Kontakt. Heute ist mein Großvater traurig über die alte Geschichte. Er sagt, dass die Weißen das Volk zerstört haben. Die Verwandten konnten ihren Wald nicht verteidigen, als die Holzfäller und Goldgräber kamen.

Doch Kikí sagt auch, dass unsere Verwandten im Wald sehr böse sein werden, wenn die Forscher kommen. Er sagt, er hatte Angst um sie, deshalb ist er mitgefahren. Sie haben die Isolierten nicht gefunden, nur ihre Spuren an mehreren Orten. Unser Land ist sehr groß, und es gibt viel Wald. Wenn die Verwandten sich verstecken wollen, können sie das noch lange tun.

Wir sind wieder auf dem Dorfplatz angekommen. Du hast gesagt, dass du die Alten aus dem Marmelos-Dorf nochmal sprechen willst, Tupajakuí hat ihnen Bescheid gesagt. Sie warten auf dich unter dem Mangobaum, und sie haben etwas vorbereitet. Die Alten zeigen dir heute, wie ein Tenharim gegen seine Feinde zieht. Dann kannst du verstehen, warum mein Volk alle Kriege gewinnt.

Sieh dort, der alte Jikai! Wusstest du, dass er Tupajakuís Vater ist? Du siehst, dass er besonders lange Pfeile hat, er baut sie selbst, das ist sein Stil. Er ist achtzig, vielleicht neunzig Jahre alt, aber schau mal, wie weit er springt. Ein Satz nach vorn, einen Pfeil schießt er ab, und jetzt bleibt er nicht am gleichen Ort. Wie schnell er läuft! Den zweiten Pfeil schießt er ganz woanders ab.

Der Gegner weiß nicht, aus welcher Richtung der zweite Pfeil kommen wird. Es ist schwierig, einen Tenharim zu treffen, ob mit einer Kugel oder mit einem Pfeil. Das ist so, weil er dauernd springt. Ein Krieger muss ständig in Bewegung sein, das ist sehr wichtig dabei. Du musst es dir anders vorstellen, mitten im Wald. Ein Tenharim-Krieger wird dort verdeckt hinter Baumstämmen und grünen Pflanzen sein. Er sucht sich gut aus, wo er angreifen will. Bestimmt nicht hier auf dem Dorfplatz unter dem Mangobaum, wo du alles siehst!

Die Alten erinnern sich noch an den letzten großen Krieg. Sie haben diese Zeit erlebt, sie waren Kinder und junge Männer, als die Tenharim das Volk der Jiahui besiegten. Wir haben die Jiahui überrascht und ihren Anführer und Schamanen getötet. Die Jiahui sind in die Wälder geflohen und wurden viele Jahre lang nicht mehr gesehen. Doch wir reden nicht gerne über den Krieg. Topeí sagt, es ist eine delikate Angelegenheit. Trotzdem will er dir ein paar Dinge erklären.

Das Training für den Krieg ist am Anfang das gleiche wie für die Jagd. Ein Tenharim lernt, wie man sich im Wald bewegt. Unsere Väter und Großväter machen es vor, die Kinder schauen zu und machen dann alles nach. Wer ein guter Jäger ist, weiß schon viel über den Krieg. Danach kommt ein Training, das anders ist. Man soll nicht zu früh damit beginnen, die Häuptlinge bestimmen den Moment. Sie sagen, ein kräftiger Junge, der zu früh den Weg der Waffen erlernt, wird leicht von ihnen verführt. Doch alle lernen über den Krieg, und viele werden Krieger, so ist unsere Kultur. Wir müssen vorbereitet sein, damit unser Volk nie ungeschützt vor seinen Feinden bleibt.

Den Angriff mit Pfeil und Bogen hast du jetzt gesehen, und nun schau her. Das ist unser Schlagstock, der *mbuahava*, heb ihn mal hoch! Er ist sehr schwer. Du kannst seinen Schwung ausnutzen, dann wird er leichter, man macht es so: *Pa! Pa! Pa!* Der *mbuahava* schlägt zu, und alles zerbricht. In der Nacht ist ein *mbuahava* die beste Waffe. Wir können zu jeder Uhrzeit angreifen, bei Tag und in der Nacht, aber nachts sind unsere Feinde schon müde, und sie rechnen nicht mit unserem Angriff. Das Wichtigste ist die Überraschung, und die hängt von der Planung ab, von der Strategie. Ein Tenharim-Krieger lernt, wie er sich lautlos heranschleichen kann. Er kennt die Geheimnisse der Kriegsbemalung, die ihn unsichtbar macht und ihm Kräfte verleiht. Er weiß, wo seine Gegner sind, wie sie sich aufstellen werden und wann er den Angriff starten soll.

Wenn ein Tenharim-Krieger seinen Angriff beginnt, hört er nicht wieder auf. Er ist voller Wut und Raserei, niemand kann ihn stoppen. Es gehört zu unseren Geheimnissen, wie das geht und wozu es dient. Mehr darf ich dir nicht darüber verraten, aber ich kann bestätigen, dass es so ist. Ich weiß, dass auch andere Völker so kämpfen: auch unsere Nachbarn am Maicí, die Pirahã. Sie hören erst dann mit dem Angriff auf, wenn der letzte Gegner gefallen ist. Mein Großvater Kikí hat mir gesagt: Es gibt nur ein Volk, vor dem die Pirahã sich fürchten, und das sind die Tenharim. Vor den Parintintin haben sie weniger Angst. Einmal haben sie den Parintintin-Häuptling umgebracht, mitten in seinem Dorf. Bei den Tenharim würden sie sich das nie erlauben, und wir haben auch Respekt vor den Pirahã.

Wenn du einen Krieger triffst, erkennst du ihn daran, dass er nicht sitzen mag. Nicht mal beim Frühstück setzt sich ein Krieger auf den Boden, sagt der alte Iguaí. Der Krieger steht da, nimmt eine Tasse in die Hand und geht auf und ab. Also weißt du, dass du einem Krieger begegnet bist. Er wird sich normal mit dir unterhalten, aber den Köcher mit seinen Pfeilen legt er niemals ab. Er schaut sich um und horcht, während er mit dir spricht. Dem Krieger entgeht nichts. Nachts schläft er in einer winzigen Hängematte, er läuft mit leichtem Gepäck. Sein wichtigstes Gepäck sind der Bogen und die Pfeile, den Rest können andere aus der Familie tragen. Wenn möglich trägt ein Krieger nicht mal ein geschossenes Tier! In der Nacht schließt der Krieger die Augen, für wenige Stunden, aber er bleibt trotzdem wach.

Du weißt, dass es stimmt, ich mache es selber so. Wir waren lange genug im Wald unterwegs. Hast du mich beim Essen schon sitzen sehen? Bin ich nicht der Erste, der morgens alle weckt? Ich weiß nicht, wie viele Stunden Schlaf ich brauche, ich habe keine Uhr. Im Dorf ist es eine andere Sache, da schlafe ich gerne aus und stehe mit der Sonne auf, gegen sechs oder sieben Uhr. Doch im Wald ist es besser, dass man früh aufwacht. Am sichersten ist es, so lange wie möglich wach zu sein. Wenn drei Krieger gemeinsam im Wald laufen, wechseln sie sich nicht mit der Nachtwache ab. Keiner von ihnen schläft lange, sie bewegen sich schnell, bleiben nur kurz an einem Ort. Warum wir nicht müde werden, fragst du? Wir sind so geboren worden, glaube ich, und wir trainieren ein Leben lang.

Topeí möchte doch noch etwas über den Krieg gegen die Jiahui erzählen. Er sagt, dass die Jiahui angefangen haben. Sie sind nie ein großes Volk gewesen, stets gab es viel weniger Jiahui als Tenharim, doch sie hatten mächtige Schamanen. Die Pajés der Jiahui beherrschten die schwarze Zauberkunst. Sie schickten keine mutigen Krieger in unsere Dörfer, um gegen die Tenharim zu kämpfen, sondern sie überließen den Krieg den Schamanen. Nachts schlichen ihre Pajés sich in unsere Dörfer und an die Schlafstätten unserer Krieger im Wald. Sie raubten ihre Haare. Besonders hatten sie es auf die Haare von Iguaís Vater abgesehen, denn der war ein mächtiger Mann, der den Krieg gut beherrschte. Mit den Haaren machte der Pajé einen dunklen Zauber. Bald starb der Vater von Iguaí.

Fünf Tenharim sind auf diese Weise umgekommen, sagen die Alten. Die Schamanen der Jiahui haben sie getötet. Es waren die Anführer der wichtigen Familien, alle waren Krieger. Das konnte keiner mehr mit ansehen, sagt Topeí. Die Tenharim wollten Rache üben.

Das Problem war, es dauerte lange, bis die Tenharim vom Zauber der Jiahui wussten. Zu Anfang ahnte niemand, dass es ein Krieg war. Die Krieger starben, und keiner erriet, warum. Die Tenharim hatten damals fünf Schamanen, doch nicht mal die wussten etwas. Die Verwandten konnten sich nicht vorstellen, dass die Jiahui so etwas mit uns taten. Darauf waren sie nicht vorbereitet. Als sie es merkten, waren schon viele tot.

Der größte unserer Schamanen hieß Tukaja'í. Er rief einen Traum herbei, und er fand die Seelen unserer Krieger. Er sah, dass sie beim Pajé der Jiahui gefangen waren! Wenn der Pajé so etwas sagt, gibt es keinen Zweifel. Nach einem Traum weiß er es ganz genau. Mein Großvater Kikí sagt immer: Ein Pajé ist nicht wie die Wissenschaftler aus der Welt der Weißen. Wissenschaftler sagen: Hier werde ich eine Untersuchung machen, dort werde ich alles gut studieren. Ein Pajé weiß die Dinge mit Sicherheit.

Doch die Pajés unserer Feinde, der Jiahui, waren sehr stark, gefürchtet bei allen Völkern. Sie hatten keine Macht, um Menschen von Krankheiten zu heilen, aber sie fügten anderen etwas zu. Sie waren Pajés des Bösen. Bis heute haben die Jiahui viele Pajés, das sagen sie selber von sich.[74] Wir glauben aber, dass nur noch die alte Frau, die abseits vom Dorf an der Straße lebt, starke Zauberkräfte hat.

Unsere Schamanen wussten nun, was die Jiahui taten. Sie warnten die Krieger der Tenharim: Vorsicht beim Haareschneiden! Mit euren Haaren wird etwas passieren, wenn ihr nicht vorsichtig seid. Bewahrt die Haare auf, lasst sie nicht herumliegen, wo unsere Feinde sie stehlen können! Die Pajés der Völker begannen, einen Krieg zu führen. Sie kämpften in ihren Träumen, im Gespräch mit den Geistern. Nie haben sie ihre Gegner gesehen, aber trotzdem ging es um Leben und Tod. Bei einem Krieg unter Zauberern ist es so: Der mit der schwächeren Seele muss als Erster sterben. Ein böser Zauberer kann viel Schaden anrichten. Er kann die Menschen töten, er kann sogar ein Haus über große Distanz zerstören, nur mit der Kraft seiner Gedanken.

Für unsere Pajés war es schwierig, denn die Schamanen der Jiahui kannten viele Tricks. Sie kamen nicht in Menschengestalt, um die Haare der Verwandten zu rauben, sondern verwandelten sich bei Nacht in Fledermäuse. Um den bösen Zauber zu entlarven, um in das Dorf der Jiahui zu blicken und ihre Pläne zu sehen, taten unsere Pajés das Gleiche. Auch bei den Tenharim beherrschten einige die schwarze Zauberkunst. Sie träumten mit den Geistern und nahmen Tiergestalt an. So belauschten sie die Jiahui und warnten ihr Volk vor den Listen der Feinde.

Da begann die Zeit, in der die Tenharim mit geschorenen Köpfen herumliefen. Nach dem Rasieren vergruben sie die Stoppel in der Erde oder warfen sie in den Fluss. Das war eine Strategie, die die Pajés unseren Kriegern empfahlen. Die Jiahui liefen schon viele Jahre lang mit rasierten Köpfen herum. Die Verwandten hatten sich immer gefragt, warum!

Der große Angriff von 1950 kam, weil die Jiahui angefangen haben. Sie überfielen unseren Schamanen Tukaja'í in seinem Haus weit draußen im Wald. Fünf Jiahui-Krieger griffen ihn an, und er war ganz allein. Doch sie schafften es nicht, ihn zu töten. Sie schossen mit Pfeilen auf ihn, doch Tukaja'í entkam und teilte den anderen mit: Die Jiahui haben mich angegriffen! Da zogen die Tenharim zum Dorf der Jiahui, um sich zu rächen. Die Alten sagen, sie reden nicht gerne darüber, und erzählen den Jüngeren nicht viel davon. Der Anführer und oberste Schamane der Jiahui starb. Die restlichen Jiahui flüchteten sich damals in den Wald, und viele Jahre später wurden noch fünf von ihnen entdeckt, fünf Krieger. Die Verwandten haben ihnen erlaubt, Tenharim-Frauen zu heiraten, dann haben sie bei uns gelebt. Später sind sie in ihr altes Gebiet zurückgezogen.[75]

Topeí sagt, dass es früher viele solcher Kriege gab. Die Völker kämpften untereinander, und es gab Streit zwischen Häuptlingen und Dörfern, dann splitteten die Völker sich in mehrere Teile auf.[76] Es war in der alten Zeit. Topeí erinnert sich noch an Konflikte mit den Pirahã und mit den Parintintin. Es gab auch Bündnisse. Den Tenharim gefiel es nicht, als die Pirahã den Anführer der Parintintin umbrachten. Es gab eine Verbindung zwischen den Tenharim und den Parintintin. Parintintin-Frauen waren mit Tenharim-Männern verheiratet, so dass die Parintintin Verwandte sind.

Früher haben hier andere Völker gelebt, an die sich nicht mal die Alten mehr erinnern. Sie leben nur noch in den Geschichten. Wo heute die Pirahã sind, war früher das Land der Torá, aber die Torá haben viele Kriege verloren. Sie griffen im Wald die Missionare an und hatten Krieg mit anderen Völkern und mit den Weißen zur gleichen Zeit. Die Lieder erzählen auch von den «Großen Leuten», die in der Nähe lebten und in langen Hängematten schliefen. Es heißt, sie hätten mal ein Kind von den Tenharim gestohlen. Niemand hat sie wieder gesehen. Am Maicí-Fluss gab es in der alten Zeit die Kytiapĕi, doch sie müssen tot sein, auf ihrem Land leben heute Tenharim. Unsere Nachbarn, die Parintintin, kannten das Volk der Teikwaryngu'a, das viele Zauberkräfte besaß. Wenn sie jemanden kommen sahen, bliesen sie auf ihren Flöten und wurden unsichtbar. Sie konnten sich durch einen Zauber in die Pfeiler ihrer Häuser flüchten, wo niemand sie fand. Aber niemand weiß, wo sie heute sind. Wir wissen nicht einmal, wo ihre Häuser standen.

Die Tenharim haben alle Kriege gewonnen. Unser Volk hat überlebt. Vor langer Zeit gab es bei uns einen großen Krieger, der hieß Boahã. Er konnte sehr böse werden. Er gab Befehle an unsere Krieger, dass sie alle töten sollten, die ihnen den Weg versperrten, sogar Kinder. Er nahm auch die Köpfe seiner Feinde mit, und andere Teile wie die Arme und Beine. Nach dem Krieg machte Boahã damit ein Ritual. Beim Mbotava-Fest haben die Krieger mit dem Kopf getanzt, dann wurde er in die Mitte gelegt und zertrümmert. Der Krieger, der den Feind getötet hatte, bekam einen neuen Namen.[77] Das Fleisch haben sie verteilt, um davon zu essen, die Frauen der Krieger zerschnitten es. Ich glaube, dass Boahã sehr kalt gewesen sein muss, er hatte Mitleid mit niemandem, kaltes Blut. Es gibt Menschen, die Mitgefühl mit anderen haben, aber Boahã war nicht so. Er hat getan, was er wollte.

Doch Boahã war auch ein geschickter Krieger. Alle Kagwahiva-Völker kennen ihn noch, und die Alten sagen: Wir verdanken Boahã viel Wissen über den Krieg. Er hat uns Erfindungen hinterlassen, viele Strategien. Der Schlagstock aus Massandaruba-Holz ist von ihm, er hat ihn erfunden. Boahã zerbrach damit die Köpfe seiner Feinde im Schlaf.

Du fragst, warum meine Vorfahren das Fleisch von Menschen gegessen haben. Ich glaube, dass es ein großer Sieg für sie war. Es machte allen Angst. Ich glaube, dass die anderen Völker Angst vor den Tenharim hatten, weil sie ihre Feinde aßen, die Krieger der anderen Völker und auch die Weißen. Doch das ist lange her, es war in der alten Zeit, wir erinnern uns nicht mehr daran. Die letzten Tenharim, die noch Menschenfleisch aßen, waren die Großväter der Alten hier auf dem Platz, vielleicht auch einige Väter. Sie haben einen Namen für Menschenfleisch. In unserer Sprache heißt es *gara'o*.

Das ist lange her. Ich glaube, man soll kein Menschenfleisch essen. Andere Menschen sind keine Tiere, sondern sie sind so wie wir. Die Ältesten hier meinen alle: Es ist hässlich, das Fleisch eines Menschen zu essen. Topeí sagt, ihm wird bei dem Gedanken schlecht. Du musst sie entschuldigen, die Alten reden wieder alle durcheinander, sie regen sich bei dem Thema auf. Mein Urgroßvater Mohã erzählt, dass Menschenfleisch nicht gut zu essen ist. Er hat gehört, der beste Teil an einem Menschen waren der Hals und die Waden. Alles um den Bauch herum ist kein gutes Fleisch.

Topeí sagt, man soll keine Witze darüber machen. Das Essen von Menschenfleisch ist eine dunkle Sache von früher. Er glaubt, die Weißen reden schlecht über uns, wenn sie davon erfahren. Mein Großvater Kikí sagt, dass wir die Dinge von damals nicht mehr verstehen. Für die Vorfahren waren sie normal. Kikí sagt, wir Tenharim haben lange nicht mehr so gelebt wie unsere Vorfahren, jeden Tag in einem Krieg auf Leben und Tod. Also wissen wir nicht mehr, wie das ist. Es gibt Dinge, die der Vergangenheit gehören. In der Gegenwart bedeuten sie nichts.

Ist dir eigentlich das Auto aufgefallen? Hast du den Truck mit dem Vierradantrieb gesehen, der eben am Ortsrand hielt? Solche Autos kommen öfters an. Wir wissen nicht immer, wer diese Leute sind. Sie fragen uns nach irgendwelchen Dingen, oder sie sagen, dass sie etwas kaufen wollen. Bei den Tenharim glauben einige, dass sie Spione der Holzfäller sind. Wenn jemand kommt, der nach unserem Häuptling fragt, verraten wir ihm nicht seinen Namen. Wir rufen ihn nicht mal, sondern schicken einen Ersatzmann hin, mal diesen und mal jenen. So schützen wir uns, es ist eine Kriegslist, die wir beherrschen. Man muss schlau sein, wenn man weiterleben will.

Wir haben uns viele Kriegslisten bewahrt. Sie sind alle lebendig geblieben. Wir brauchen das Wissen über den Krieg, wir dürfen es nie vergessen. Mein Großvater Kikí sagt: Die wichtigste Regel ist, dass ein Krieger wieder lebend zu seinem Volk zurückkehrt. Dann kann er seine Geschichten erzählen und Lieder darüber singen, wie er die Gegner besiegen konnte. Er wird seine Listen und Strategien mitteilen, von der Wahl seiner Waffen berichten, und das Volk lernt davon. Von denen, die nicht zurückgekehrt sind, gibt es keine Geschichten.

Ich könnte dir weitere Dinge erzählen, aber das darf ich nicht. Du siehst, dass andere Krieger sich zu uns gesetzt haben, und sie warnen: Mehr darf nicht verraten werden. Es ist verboten. Das Wissen über den Krieg dürfen nur Tenharim-Krieger haben. Nicht mal alle im Volk wissen alle Details. Es wäre nicht sicher für uns, für unser Volk und den Wald.[78]

Die Zeit der Kriege gegen unsere Nachbarvölker ist heute vorbei. Aller Streit ist beigelegt, wir besuchen uns sogar bei unseren Festen. Wir sind Nachbarn und Freunde und beschützen gemeinsam den Wald. Der Häuptling im nächsten Pirahã-Dorf heißt Capixaba, und wenn er bei Tupajakuí zu Besuch kommt, wird er mit Essen empfangen. Du kannst daran sehen: Wir sind Krieger, doch wir sind auch ein friedliches Volk.

Vielleicht meinen die Weißen daher, dass wir nicht mehr kämpfen? Dass wir sie nicht besiegen können? Du kannst ihnen ausrichten, dass sie sich irren. Wir können jeden Gegner besiegen, wenn wir dazu entschlossen sind.

13.

Ami – Die Alte und ihr Wundergarten

Ami, die große Schamanin der Tenharim, hatte zwei Enkel. Sie pflegten und versorgten ihre Großmutter, weil sie schon ein hohes Alter erreicht hatte und gebrechlich war. Sie erfüllten ihr jeden Wunsch, und eines Tages sagte sie: «Ich will Kastanien essen! Lasst mich in den Wald gehen!»

Das war eine Lüge. Ami war eine mächtige Frau, doch sie hatte eine Schwäche. Sie konnte nicht genug von den Apí-Früchten[79] *bekommen, einer kleinen roten Beere, die wie eine Kirsche aussieht, aber viel süßer schmeckt. Vor geraumer Zeit hatte sie eine* apí-*Frucht gegessen, sie hatte sie vom Boden aufgehoben, und aus ihrem Kern war eine Schlange geschlüpft. Dabei erklären wir Tenharim das schon den Kindern: Iss niemals eine Frucht, wenn sie auf dem Boden liegt! Einen oder zwei Tage lang kann man sie vielleicht noch essen, aber danach verwandelt ihr Kern sich in ein Schlangenei.*

Ami musste das vergessen haben, und nun spürte sie, was passierte. Es rumorte in ihrem Bauch. In der Schamanin unseres Volkes wuchs eine Schlange heran. Deshalb wollte sie in den Wald, ganz allein. Es war in einem Traum, vor langer Zeit. Ihre Enkel waren einverstanden. Was sollten sie der mächtigen Frau schon Vorschriften machen? Sie baten nur darum, dass sie nicht lange bleiben solle, sonst würden sich alle Sorgen machen.

Ami gebar im Wald eine Schlange. Sie kroch aus ihr hervor und wand sich bis in die Krone des Kastanienbaums hinauf. Von dort warf sie der alten Frau Kastanien zu, und dann kroch sie wieder in Ami hinein und die beiden kehrten nach Hause zurück. Die Schlange und Ami wurden Partner. Was immer die Schamanin sich wünschte, wurde der Schlange Befehl.

Die Schlange wuchs, und jeden Tag ging Ami in den Wald und kehrte mit Kastanien zurück – genug, um sie in der Familie zu verteilen. Die Enkel wunderten sich. Wie konnte es sein, dass ihre gebrechliche Großmutter so viele Kastanien fand? Warum waren die Kastanien noch grün, aus der Krone des Baumes gepflückt? Wie kam ihre Großmutter dort hinauf? Die Enkel stellten Ami zur Rede, doch sie verriet ihnen nichts. Sie schlichen misstrauisch hinter ihr her, und als sie am Kastanienbaum eintrafen, lag die Großmutter schlafend zu seinen Füßen. Die Schlange wand sich den Baum hinauf. Die Enkel sahen, was die Wahrheit war.

Sie taten so, als wüssten sie von nichts. Doch sie machten sich Sorgen, denn Ami kehrte jeden Tag erschöpfter aus dem Wald zurück. Die Schlange wuchs in ihrem Bauch, deshalb fiel ihr das Gehen schwer. Sie rief ihre Enkel zu sich. «Ihr müsst mir etwas versprechen», sagte sie. «Wenn ich sterbe, beerdigt mich nicht. Stattdessen sollt ihr mich verbrennen, steckt auch das Haus in Brand und zieht fort von hier. Ein Jahr lang dürft ihr diesen Teil des Waldes nicht betreten. Danach geht wieder zurück, und ihr werdet sehen.»

Die Großmutter erzählte ihnen von der Schlange. Sie müsse getötet werden. Beim nächsten Mal, wenn sie schlafend unter dem Kastanienbaum liege, sollten die Enkel die Schlange ergreifen und sie mit Messern in Stücke schneiden. Sie selber, Ami, werde dabei sterben. Nur noch die Schlange halte sie jetzt am Leben. Die Enkel erfüllten der Großmutter auch diesen Wunsch. So starben die Schlange und Ami.

Ein Jahr später kehrten die Enkel zurück. Doch sie erkannten ihre alte Heimat nicht. «Wer hat das in unserem Garten angerichtet?», fragten sie sich. Der Ort, an dem die Großmutter gebrannt hatte, war zu einem Hort voller Obststräucher und Gemüsepflanzen gewachsen. Sie sahen, dass auf jeder Pflanze ein Vogel saß, und nun lärmten sie alle und pfiffen durcheinander: awa! kiu! iu! iu! Sie gingen näher heran und versuchten, die Vögel zu verstehen. Sie sangen: jityga! ky'ynha! avatia! mandi'yvakã! karandi'yva! Die Vögel versuchten, ihnen die Namen von Süßkartoffeln und Pfeffer, Mais und Maniok, Papaya, Melonen und Bananen zu verraten. Doch die Enkel kannten die Namen dieser Pflanzen nicht. «So etwas kann man doch nicht essen?», wunderten sich die Enkel.

Sie hatten aber viel Hunger und hielten die Vögel für vertrauenswürdig. Sie schlossen einen Pakt: Der ältere Enkel würde nacheinander alle Früchte und alles Obst probieren. Wenn er an einer Sorte starb, sollte der Jüngere zu seinem Volk zurückkehren und es warnen. Dann würde kein Tenharim jemals wieder davon essen. Sie machten ein Feuer und kochten den Mais. Er schmeckte dem Enkel. Ihm schmeckten auch die Süßkartoffeln. Nur der Pfeffer brannte wie Feuer in seinem Mund. «Jetzt werde ich sterben!», rief der Enkel, aber nach einer halben Stunde lebte er immer noch. Er probierte die reife Papaya, und so ging es mit einer Pflanze nach der nächsten.

Die Enkel ernteten das Obst und die Früchte und nahmen es mit zu ihrem Volk. «Im Garten der alten Ami ist ein Wunder geschehen», berichteten sie. Nun probierten auch ihre Verwandten das Obst und Gemüse, und sie lernten, Mehl aus Mais und Maniok zu machen. «Ami hat das für uns hinterlassen», sagen bis heute die Tenharim.

(Kikí «Leo» Tenharim, im Kreis seiner Familie
und mit Ergänzungen durch Familienmitglieder,
am 6. Oktober 2015 im Marmelos-Dorf)

14.

Yvyapora – Die Dinge der Erde

Du hast alles richtig gemacht. «2T» muss auf den Öldosen stehen, für Zweitakter geeignet, jeder Außenbordmotor braucht ein anderes Gemisch. Es war nützlich, dass du nach «180» gefahren bist. Du bist ein Weißer, wirst an der Tankstelle bedient. Lass uns den Motor zum Ufer tragen, ich mische das Öl jetzt ins Benzin. Dann fahren wir den Fluss hinab. Mit dem Motor geht es schnell. Bald wirst du unsere Jäger sehen.

Macht es Spaß? Ja, der Motor ist schnell, der schnellste Motor auf dem Marmelos-Fluss. Er gehört unserem Häuptling Tupajakuí. Die Schmetterlinge tanzen über unseren Köpfen, die Luft ist voll von ihnen, sie folgen uns übers Wasser, *pyrypyryuhua*, es ist ihre Jahreszeit. Was sagst du? Du findest es sehr laut? Der Motor ist voll aufgedreht. Kann sein, dass wir damit ein paar Tiere verjagen, dass sie vor dem Lärm jetzt fliehen. Aber jedes Dorf hat heutzutage einen Außenbordmotor. Die Indianerschutzbehörde hat geholfen, sie zu finanzieren. Wenn man ein paar Tage wartet, kommen die Tiere zurück. Den Lärm vergessen sie schnell.

Vorne sind die Jäger, du kannst ihre Boote sehen, sie haben an der Sandbank angelegt. Dort ist der letzte Sammelpunkt vor dem Dorf, den alle Jäger erreichen müssen. Fast alle sind schon da. Wir haben ihnen Proviant aus dem Dorf mitgebracht, süße Kartoffeln in Dosen verpackt. Die Frauen, die zuhause geblieben sind, haben sie gekocht. In zwei Tagen packen die Jäger hier alles zusammen und fahren ins Dorf. Sie müssen gut balancieren. Die Boote liegen tief im Wasser, wenn wir von der Jagd zurückkehren, voller Fleisch und Kastanien und Obst. Einige werden rudern müssen, doch die meisten Kanus binden wir mit Seilen zusammen. Die Boote mit Außenbordmotor können die anderen wie Anhänger ziehen.

Spring ins Wasser! Es ist ganz warm, wir müssen von hier aus zur Sandbank waten. Ich täue unser Boot an den anderen fest. Lauf schon den Hügel hinauf, verfehlen kannst du die Jäger nicht. In ihrem Lager riecht es nach Braten und Rauch.

Schon bei der Jagd nehmen wir die Tiere aus, und wir ziehen das Fell von ihnen ab. So haben die Tenharim es immer gemacht. Wir zünden ein großes Feuer an, und erst wird das Fleisch sehr heiß gegrillt; die Flammen sollen es berühren, damit es eine Kruste bildet. Danach liegt es stundenlang im Rauch. Es dauert, bis alles transportfertig ist. Bei Sonnenaufgang kommt das Fleisch aufs Feuer, zwischen vier und fünf Uhr packen wir es ein. Dann haben die Tierstücke und die Fische ringsum eine harte Kohleschicht. Kein Salz, das wäre ungesund.

Du hast wieder diesen skeptischen Blick, also lass es mich erklären. Das Fleisch ist nur außen so schwarz. Innen ist es sauber und saftig. Es hält sich lange, wenn es geräuchert ist, die Fische eine Woche und die Fleischstücke zwei. Unser Land ist groß, der Transport bis ins Dorf kann vier Tage dauern oder fünf. Wo es keine Flüsse gibt, können es auch zehn Tage sein. Der Rauch verändert das Fleisch, so dass es sich lange hält. Wir brauchen viel Essen beim Mbotava-Fest. Tupajakuí ist mitgekommen, weil er in diesem Jahr der Gastgeber ist. Er war besorgt, jetzt sieht er zufrieden aus. Er inspiziert die Ergebnisse der Jagd. Sein Vater Jikai läuft zwischen den Jägern herum, er spielt auf der Flöte und singt über die Tiere. Er trägt seinen Federschmuck und hat sich von oben bis unten schwarz angemalt. Du hast recht, er steht auch ein bisschen im Weg. Die Männer arbeiten hart, sie schwitzen, die meisten sind schwarz angemalt. Die schwarze Farbe schützt uns gegen die Sonne und hält Insekten fern. Die Jäger wickeln die Tierstücke in Palmzweige ein und schnüren sie mit Lianenfasern zu Paketen. So wird es bei den Tenharim gemacht.

Die Ränder der Körbe flechten wir, damit sie den Transport aushalten. Ein guter Korb soll Platz für zwei Wildschweinköpfe haben oder für die Flanke eines Tapirs. Wenn man ihn richtig formt, liegt er wie ein Rucksack auf dem Rücken auf, und er kann auf den Booten gestapelt werden. Im Dorf kommen die Tiere gleich wieder aufs Feuer, dort kann das Räuchern weitergehen. Es ist eine Arbeit für die Männer. Du siehst die Söhne bei den Vätern stehen. Die Väter bringen ihnen alles bei.

Tupajakuí sagt, dass es das Wichtigste ist, dass die Söhne und Töchter im Wald viel lernen. Beim Mbotava-Fest geht es nicht nur ums Essen und Tanzen. Er sagt, dass Mbotava wie eine Schule ist. Wir brauchen all unser Wissen, um das Fest auszurichten. Tupajakuí sagt, Mbotava beginnt schon Monate vor dem Fest, wenn wir das Mehl rösten und die Kastanienernte vorbereiten, wenn die Familien in den Wald ziehen. Für die Ernte und die Jagd wandern wir wochen- oder monatelang durch unser Land, wir fahren über die Flüsse und sehen die Tiere und Pflanzen. Wir besuchen auch die Teile des Waldes, in denen wir nicht jagen dürfen. Wir sehen dort nach dem Rechten. Es gibt Gegenden, in denen unsere Jäger nichts schießen, weil dort die Jungtiere aufwachsen und das Leben neu entsteht.

Lass uns zu Jikai rübergehen. Er hat eine Flötenpause eingelegt. Er ist gut gelaunt, macht Scherze mit den Jägern und sagt, dass sie Fettsäcke sind. Unsere Häuptlinge und die jungen Krieger würden faul und viel zu dick! Die Alten sagen das alle über uns.

Sie beschweren sich bei den Häuptlingen über den Zustand der Jugend. Sie sagen, jetzt sei unsere Zeit gekommen, aber keiner sei bereit. Ich glaube, dass es für mich nicht stimmt, aber für einige schon. Ich will keine Namen nennen, aber sogar Häuptlinge haben Speck angesetzt. Manche rauchen Zigaretten, sie halten einen langen Marsch nicht durch.

Jikai sagt, dass er allein auf die Jagd gehen kann, dass er über achtzig ist, aber immer noch stärker als viele Krieger. Er hat ein Leben lang die Essensregeln beachtet, sich nur vom *mbatepyry* ernährt, vom guten Essen, und unsere Kultur respektiert. *Mbatepyry* heißt: richtig für einen Tenharim. Jikai sagt, dass die Verwandten deshalb nicht in die Stadt fahren müssen, um ihm einen Rollstuhl zu kaufen. Wer sich nicht an die Regeln hält, ist mit fünfunddreißig ein alter Mann. Jikai sagt, dass er kein Öl im Essen mag und sich vor Butter ekelt. Er mag nicht mal Brot. Wenn er Brot isst, muss er immer sofort in den Wald.

Jikai sagt, dass das Leben nach den alten Regeln besser war. Keine Kleider, viel laufen, das Essen schmeckte gut. Die Tenharim waren immer kurz gewachsen und mager, aber gute und ausdauernde Jäger. Bis sie alt wurden, dauerte es lang, viele Krankheiten gab es nicht. Jikai glaubt, das lag an der Ernährung und auch an den Festen, die die Seele bewegen. Er sagt, dass beides zusammengehört.

Beim Mbotava-Fest halten die Tenharim die Essensregeln ein. Wir dürfen längst nicht alles essen, was wir im Wald finden. Von den Fischen sind Tucunaré[80] und Surubim[81] am besten geeignet. Jikai sagt, wenn man den Fisch hat, stellt sich als Nächstes die Kartoffelfrage. Fünf verschiedene Sorten darf man essen, die Tenharim bauen sie auf den Feldern an. Als Grillfleisch empfiehlt er Wildschwein, aber noch mehr den Tapir. Tapir ist das wichtigste

Fleisch für das Fest, bitter und herb, es trägt den Geschmack des Waldes. Hirsch gehört zum Fest nicht dazu, man kann ihn zu anderen Gelegenheiten essen. Beim Mehl, sagt Jikai, hat man freie Wahl: Maniok, Babassu-Nuss oder Mais. Eine spezielle Mehlsorte wird aber nur zum Mbotava-Fest gemacht, es ist die Lieblingsspeise der Alten. Man löst das Filet aus einem Fisch heraus und röstet es in der Pfanne, bis es trocken und knusprig wird. Dann mahlt man ein Mehl daraus, man kann es sogar in einer Dose verschließen und aufbewahren.

Doch so viele Dinge sind beim Fest verboten! Wir essen keine Alligatoren und keine Anakondas, so wie die Pirahã es tun. Die Pirahã haben merkwürdige Essgewohnheiten, sagt Jikai, da kannst du hier alle fragen. Verboten sind die Jacú-Hühner,[82] Jacami-Vögel[83] und erst recht die Inhambus mit rotem Kopf.[84] Sie übertragen ein Fieber, die Menschen geraten außer Atem und die Mädchen bleiben schmal und dünn. Es gibt Tiere, die einige Tenharim essen dürfen und andere nicht. Angehörige des Taravé-Clans haben ihre Vorschriften, die aus dem Mutum-Clan müssen andere einhalten. Ein junges Mädchen, das noch nicht verheiratet ist, soll Tucunaré- und Surubim-Fische liegen lassen, für sie bringen die Fischer Traíras[85] und Jacundás,[86] Acarás[87] und Jatuarana.[88] Mädchen dürfen auch Inhambu-Vögel mit blauen Köpfen essen. Es gibt so viele Regeln! Wenn wir Jikai reden lassen, hört er nicht mehr auf.

Einige Alte halten sich das ganze Jahr über an die Essensregeln. Ich glaube, die meisten von ihnen tun das noch. Jikai ist alt und sehr fit. Das kommt vom Essen, aber ich glaube auch, das Training für die Jäger muss früher brutal gewesen sein!

Lass uns zum alten Tayrí rübergehen, er weiß noch, wie es damals war. Tayrí hatte einen strengen Vater. Er ist der Sohn von

Kwa'hã, einem großen Häuptling aus der alten Zeit. Tayrí sagt, er ist 64 Jahre alt, aber in Wahrheit muss er älter sein. Vor der Transamazônica liefen die Jäger viel längere Wege im Wald, sagt Tayrí, und es gab noch keine Motoren für die Boote. Sein Vater zeigte ihm, wie man einen Einbaum aushöhlt und die Ruder schnitzt, dann fuhren sie zur Jagd. Kwa'hã hat zu Tayrí gesagt: Du musst stark sein, darfst dich nicht hängen lassen! Du sollst eine Frau finden, willst du etwa keine Wildschweine für sie jagen? Als Tayrí ein kleiner Junge war, lief er viele Stunden weit allein im Wald voraus. Wenn sie sich wieder trafen, fragte der Vater: «Wie viele hast du getötet?» Tayrí sagt, dass er viel trainieren musste. Er war der Kleinste unter den Jägern, doch heute hat er die Kraft von zwei.

Tayrí ist der einzige Tenharim, der zwei Frauen hat. Er sagt, dass die jungen Leute das schleifen lassen. Ein Tenharim-Mann darf sogar vier Frauen haben, dann muss er ein guter Jäger sein und die ganze Familie versorgen. Tayrí sagt, so ist unsere Kultur. Aber keiner hat heute mehr zwei Frauen, nur Tayrí. Die Kinder müssen in die Schule geschickt werden, man braucht Essen, Kleider und Medizin für alle, das Jagen im Wald löst allein die Probleme nicht. Zwei Frauen zu haben kostet zu viel Geld. Das sagen die Männer, die schon Familien haben, sie wollen nicht nochmal heiraten. Ich glaube, ihre Frauen erlauben es ihnen auch nicht.

Siehst du die Margarinedose vor Tayrís Füßen? Er bereitet darin die Farbe vor, die wir beim Fest benutzen. Aus der Babassu-Nuss[89] gewinnt er ein Öl, das die Frauen gern auf ihren Körpern verreiben, sie tragen es am Morgen auf. Es reinigt den Körper, kann Kopfschmerzen vertreiben und Unreinheiten aus dem Körper ziehen. Die Nüsse sind die Samen der Babassu-Frucht, sie werden herausgelöst und im Wasser gekocht. Dann tritt das flüssige Öl heraus, und man schöpft es ab. Die Männer massieren es sich ins

Haar, damit es seine Farbe nicht verliert. Tayrí sagt, wenn die Farbe aus den Haaren eines Mannes schwindet, verliert er auch die Manneskraft. Haha! Ja, er meint Haare, die so wie deine aussehen. Vielleicht könnte die Paste dir helfen. Wenn man eine Paste aus Babassu lange stehen lässt, wird sie schwarz, und wir bemalen damit unsere Körper. Die Paste ist dickflüssig, voller Öl. Du verziehst die Nase, findest, dass sie ranzig riecht. Zu den Festen und im Krieg tragen wir sie auf.

Tayrí sagt, er findet die Traditionen wichtig, aber die Tenharim essen seit vielen Jahren das Essen der Weißen. Nur beim Mbotava-Fest tun sie das nicht. Er sieht es anders als Jikai. Für ihn ist das Essen der Weißen kein Problem. Lange vor der Transamazônica haben die Händler auf den Booten schon Zucker und Kaffee, Bohnen und Reis verkauft. Später kam Essen aus Dosen dazu. Tayrí sagt, ihm schmeckt alles gut. Die Tenharim ziehen jetzt auch Hühner in ihren Dörfern auf, sie essen ihre Eier, früher gab es das nicht. Die Leute kaufen Rindfleisch und Schweinefleisch von Händlern aus der Stadt, einige Kinder mögen nur Reis und Bohnen und Kartoffelchips. Tayrí sagt, ein Hühnchen gibt nicht so viel Kraft wie das alte Essen, aber ihm schmeckt es gut. Die Tenharim an der Straße haben sich an das Essen der Weißen gewöhnt. Nur einige Alte essen noch ganz wie früher, und die Bewohner der Dörfer tiefer im Wald.

Tayrí findet aber, dass das alte Essen wieder in Mode kommen kann. Alle Kinder der Tenharim mögen es, wenn seine Frauen Fladen aus Maniokmehl kochen und Kastaniensauce dazu. Sie formen die Fladen mit den Händen, mit den Ballen geht es besonders gut, dann legen sie sie auf den Ofen. Tayrí sagt, dass die Fladen gut durchgegrillt werden müssen. Das Geheimnis ist, sie bei Sonnenschein zuzubereiten. Die Sonne hilft, das macht den ganzen Unterschied. Tayrí hat einen Ofen, auf den fünf Tapioca-Fladen auf einmal passen.

Die Weißen haben das Leben der Tenharim stark verändert. Beim Mbotava-Fest erinnern wir uns an unsere Kultur, aber im Rest des Jahres werden wir mehr wie die Leute aus der Stadt. Manchmal ist mein Großvater Kikí darüber wütend. Er sagt, dass die Weißen uns schwächer machen. Er sagt, dass die Weißen krank sind und die Welt anstecken, dass sie selber eine Krankheit sind. Sie tragen die Zerstörung in den Wald, die Mordlust an den Tieren, die Gier nach Geld. Sie führen uns ein Leben mit Alkohol und Drogen vor, die Lebensweise von Banditen. Mein Großvater hat ein Wort für die Krankheit der Weißen: *itewadewaruhua*. Es hat mehrere Bedeutungen zugleich, wir verwenden es für schwere Krankheiten und auch für großen Hass. Kikí sagt, die Krankheit der Weißen ist, dass sie die Erde erst zerstören und dann verscherbeln.

Kikí ist böse darüber, dass die Regierung am Rand unseres Landes einen Fluss aufstauen will. Er sagt, es ist ein Beispiel für *itewadewaruhua*. Im Süden, in der Nähe des Tenharim-Gebiets, soll es einen Stausee geben. Die Häuptlinge befürchten, das Wasser erreicht dann auch unser Land.[90] Der Rio Marmelos wird zur Regenzeit mehr Wasser führen, wenn es wahr ist, was sie sagen. Eine Welt aus Wasser wird an seinem Ufer entstehen. Dann sterben auch die Kastanienhaine und viele Orte, wo wir bestimmte Pflanzen finden, die es nirgendwo sonst mehr gibt. Viel Wald wird untergehen.

Du hast mir erzählt, dass die Weißen solche Staudämme im ganzen Amazonasgebiet errichten. Du hast uns erzählt, dass es in deinem Land große Unternehmen gibt, die Maschinen für die Staudämme liefern. Kikí glaubt, dass die Weißen an das Geld denken und dass sie nicht wissen, was danach passiert. Er sagt, dass giftige Bäume an den Ufern unserer Flüsse stehen, und ich weiß, da hat er recht. Einige Tenharim benutzen Äste von diesen Bäumen, um die Fische zu betäuben. Sie schneiden sie ab und werfen sie ins Wasser.

Unsere Krieger haben schon Holzfäller dabei beobachtet, wie sie das Holz von giftigen Bäumen schnitten. Sie fällen die Stämme und bringen sie zu ihren Sägewerken. Sicher haben sie Bauchschmerzen bekommen, Durchfall, vielleicht sind sie gestorben. Es gibt auch Bäume, in deren Rinde man nur zu schneiden braucht, dann quillt eine giftige Milch heraus. Wenn sie die Haut eines Menschen berührt, löst sie sich ab, man kehrt voller Verletzungen ins Dorf zurück. So viele Pflanzen gibt es in diesen Wäldern! Wir Tenharim kennen sie, aber die Weißen wissen fast nichts.[91] Wir haben nicht gehört, was den Holzfällern passiert ist, aber in vielen Bäumen steckt das tödliche Gift. Es darf nicht in eine Wunde oder in den Mund gelangen. Als wir noch keinen Streit mit den Holzfällern hatten, ist mein Großvater Kikí mal an einem Sägewerk vorbeigefahren. Er sah die giftigen Stämme dort liegen und sagte dem Mann am Eingangstor: Ihr könnt froh sein, dass ihr noch am Leben seid! Mein Großvater glaubt aber, die Holzfäller haben ihn nicht richtig verstanden. Sie wollten nicht mit ihm sprechen und haben ihn wieder fortgeschickt.

Kikí sagt, dass die Natur sich wehren wird, weil die Weißen sie schlecht behandeln. Sie sehen die Folgen nicht. Sie schaden unserem Volk und den Tieren und sie schaden sich selbst. Unsere Häuptlinge glauben, dass andere Staudämme schon jetzt die Natur durcheinanderbringen. Wenn du zu uns kommst, überquerst du zwischen Humaitá und den Indianergebieten den Madeira-Fluss, am Madeira gibt es solche Staudämme schon. Das Wasser ist anders geworden. Es ist brauner und schlammiger als früher, es gibt Überschwemmungen und in anderen Monaten Trockenheit. Unser Marmelos-Fluss mündet in den Madeira. Er führt weniger Wasser als früher. Weniger Fische biegen aus dem Madeira in den Marmelos ein und schwimmen zu uns hinauf. Wir sind sicher, dass sich durch die Staudämme etwas verändert hat.

Deshalb wollen unsere Häuptlinge den neuen Staudamm nicht. Wenn das Wasser unser Land überschwemmt, werden die Bäume den Fluss vergiften und die Tiere sterben lassen. Es wird mehr Moskitos geben, wir werden Malaria und Denguefieber bekommen. Kikí fragt: Für wen ist der Staudamm gut? Die Väter der Weißen reden davon, dass sie etwas bauen müssen, damit es ihren Söhnen besser geht. Fragen ihre Söhne nicht zurück, wie es ihnen so besser gehen soll? Geht es ihnen denn besser, wenn niemand an die *yvyapora*, die Dinge der Erde, denkt?

Ich glaube, die Natur braucht die Menschen, damit wir uns um sie kümmern. Sie belohnt uns dafür, wenn wir es tun. Wir sitzen hier unter einem Baum, weil der Baum uns Schatten spendet. Unter einem Baum weht ein besonderer Wind, der Baum erfrischt die Menschen und gibt ihnen eine tiefe Ruhe. Ein Mensch spürt, wenn er unter einem Baum sitzt, nirgendwo anders hat man dieses Gefühl. Es ist der beste Ort, um eine Hängematte aufzuhängen. Die Tenharim beschützen die Bäume, seit Beginn der Welt.

Einmal ist mein Großvater bis nach Maranhão gefahren, viele Tage weit mit dem Bus.[92] Bei der Indianerschutzbehörde haben sie ihm einen Fahrschein gegeben. Es war, weil die Tenharim den Mais verloren hatten.

Die Alten bewachen unseren Mais: die Ältesten, die Häuptlinge und die Meister der Kultur. Der Mais muss ausgesät werden. Er wächst, wir ernten ihn, dann behalten wir Körner für die nächste

Aussaat zurück. Die alten Leute sagen, dass der Mais wie ein ältester Sohn für sie ist. Er lebt mit ihnen, aber er kann auch sterben, wenn er nicht ausgesät wird. Dann haben sie keine Zukunft mehr.

Eine Geschichte der Tenharim erzählt davon, wie der Schamane Porapití einmal den Mais verlor. Die Frau seines Sohnes verbrannte ihn. Es war ein Unfall, aber in der Geschichte musste sie ein Kind gebären, und der Vater dieses Kindes war der verbrannte Mais. Sie bekam den Sohn, und das Baby war von oben bis unten mit gelben Körnern bedeckt. Es sah gar nicht aus wie ein Mensch. Das war die Bedingung, die der Herr des Maises gestellt hatte. Nur so konnten die Tenharim weiterleben. Das Kind aus dem Mais war der Großvater von Tayrí und Topeí, der Schamane Ariu'vi. Es war vor langer Zeit.

Als die Transamazônica unser Land durchschnitt, gab es Zeiten, in denen die Tenharim nicht mehr auf die Felder gingen. Sie lagen brach und unser Mais starb. Der Mais aus der alten Zeit ist besonders weich, er hat einen milden Geschmack, wir machen daraus Mehl. Wir haben mehrere Sorten Mais, aber diesen hatten wir verloren, die alten Männer trauerten deswegen. Sie erzählten, dass die Häuptlinge aus dem Mais gerne Popcorn machten, platzendes Korn aus der Pfanne über dem Feuer. In unserer Sprache haben wir ein Wort dafür: *avatimbopoga*. Die Häuptlinge hatten auch, was ihr Cornflakes nennt, Flocken aus Mais mit Zucker, gepresst und gebacken. Das Wort dafür lautet *avatiku'ia*. Den alten Mais konnte man nicht kaufen, auch nicht in der Stadt. Deshalb ist mein Großvater nach Maranhão gefahren, in einen anderen Teil des Amazonasgebiets, die Indianerschutzbehörde hat es vermittelt. Dort sprach ein Volk noch unsere Sprache, wir haben eine gemeinsame Kultur. Kikí hat sie gefragt, ob sie den alten Mais der Kagwahiva besitzen. Heute bauen wir diesen Mais wieder an.

Mein Großvater legt jedes Jahr Körner in einer Flasche zurück. Sie steht in seinem Holzhaus an der Straße. Er sagt, der Mais ist das größte Geschenk seines Lebens. Wenn das Mbotava-Fest eröffnet wird, servieren die Frauen unseren Mais als erstes Gericht: Es gibt gekochten Maiskolben, Maisbrei oder süße Maispaste in Palmenblättern gepresst.

Gleich geht die Sonne unter, die Jäger bauen Lagerstätten am Ufer auf. Du siehst, sie sind müde von so vielen Wochen im Wald. Bei der Jagd hat es auch traurige Nachrichten gegeben. Im Norden, wo wir die Tiere nicht schießen, haben die Jäger Gerippe gesehen. Sie können sie dir zeigen, sie haben alles mit Handys fotografiert. Es gab Spuren von Weißen, sie sind nicht schwer zu erkennen. An einem Seeufer fanden sie Patronenhülsen, Kondome und Bierdosen, Dinge, die kein Tenharim benutzt.

Flussabwärts, wo der Rio Madeira breiter wird, hat eine Jägergruppe den Kadaver eines Tapirs entdeckt. Er muss durch den Wald geirrt sein, bevor er starb. Die Weißen haben ihn mit Kugeln in die Flanke getroffen, aber nicht so, dass er gleich tot war, er konnte fliehen. Das Tier muss gelitten haben. Machen die Weißen so etwas zum Spaß? Seit Jahren dringen sie in unser Land ein und quälen die Tiere. Aber es ist nicht ihr Gebiet. Hier lebt das Volk der Tenharim. Keiner darf unsere Tiere quälen.

Die Schildkröten und Eier sind von einigen Stränden verschwunden. Ein Gewässer, das früher voller Fische war, hat kein Leben mehr. Leute von der Indianerschutzbehörde erzählen uns, dass einige Weiße Sprengstoff im Wasser zünden, damit die Fische sterben. Dann nehmen sie sie mit. Wir wissen, dass die Tiere scheuer geworden sind, jeder unserer Jäger wird dir das bestätigen. Sogar die Fische schwimmen schneller vor uns weg. Sie halten sich von den Menschen fern, wenn es ihnen möglich ist.

Lass uns ins Dorf zurückgehen. Du willst die Vorbereitungen der Rituale sehen. Spring wieder ins Wasser, wir schwimmen zum Boot. Wir wollen los, nachts fährt man besser nicht auf dem Fluss. Auf dem Grund des Bootes hat sich Wasser gesammelt, das ist kein Problem. Kannst du beim Rausschöpfen helfen? Du hast recht, ohne die Sonne wird es schnell kalt. Die Geräusche am Ufer sind jetzt lauter. Leuchte mit der Taschenlampe dort hinüber! Du kannst die roten Augen der Alligatoren sehen.

Es wird nicht lange dauern. Wir haben den Außenbordmotor. Noch zweimal wirst du in Marmelos übernachten, dann sehen wir uns wieder, beim Mbotava-Fest.

15.

Mbotava – Ein Fest für alle Menschen

Siehst du die Mädchen? Sie tragen Kränze aus Arafedern im Haar. Rot, weiß und schwarz, blau, grün und weiß. Sie haben ihre Körper mit dem Muster der Anakondaschlange bemalt, runde Flecken aus Babassu um den Bauchnabel und über den Brüsten, die Arme und Beine hinauf. Im Mondschein sind sie aufgewacht, nicht lange nach Mitternacht, und sie haben sich für das Fest geschmückt. Die Anakonda ist das gefährlichste Tier im Wald, doch ihr Muster sieht auch am besten aus.

Die Jungen pfeifen, sie rufen wie Cowboys im Fernsehen: *Yee-Haa!* Die Mädchen tun so, als hörten sie nichts. Ich glaube aber, sie mögen die Pfiffe gern.

Für uns Männer ist die Bemalung nicht so schwer. Wir haben kein Muster, wir bemalen uns schwarz, den Bauch, den Rücken und die Gesichter. Die Lippen soll man nicht vergessen. Die Farbe geht später wieder ab, sie hält zwei Wochen lang. Später wirst du die Krieger anderer Völker sehen, die Parintintin und die Suruí. Einige tragen Tattoos auf der Haut oder sie stecken sich Federn durch die Lippen. Die Alten sagen, die Tenharim tätowierten sich früher auch. Im Wald stellten sie eine Tinte her, und sie ritzten die Haut dann mit Fischgräten ein. Tenharim-Männer trugen ein Tattoo für jede Frau und für jedes ihrer Kinder. Die Alten sagen, einige Vorfahren waren von oben bis unten tätowiert. Für uns ist der Körperschmuck Vergangenheit, doch bei den anderen Stämmen kannst du ihn sehen. Alle Nachbarn besuchen uns.

Auch die Pirahã sind eingeladen, ihr Häuptling hat zugesagt. Fast tausend Menschen kommen zum Mbotava-Fest.

Ich habe beim Fest nicht viel Zeit für dich. Ich bin von der Jagd zurück und werde mit einem Mädchen tanzen. Die Töchter des Häuptlings sind schön, sagst du? Das stimmt, aber für mich kommen sie nicht in Frage. Tupajakuí gehört zu den *mutum*, zum Clan der Wildhühner, das ist mein eigener Clan. Ein *mutum* geht nur mit Mädchen aus, die aus dem Clan der Adler sind. Freundschaften sind erlaubt, aber mehr nicht. Ich glaube auch nicht, dass es Paare gibt, die gegen die Regeln leben. Es darf nicht sein. Schon als Kinder sagen die Eltern einem Jungen, wer einmal seine Freundin sein darf und wer nicht. Mit fünfzehn Jahren gibt es die ersten Liebespaare bei den Tenharim.

Du fragst, ob es körperliche Liebe gibt, bevor wir verheiratet sind? Habe ich doch gesagt. Ab fünfzehn gibt es Liebespaare. Ich will nicht so viel darüber reden.

Heute ist der Beginn des Festes, den ganzen Tag über kommen noch Jägergruppen an. Im Wald und an den Flüssen hat jedes Dorf seinen eigenen Sammelpunkt, und wenn der letzte Jäger ihn erreicht, brechen sie nach Marmelos auf. Die meisten fahren mit Booten, andere gehen über die Straße, von weitem kannst du ihre Flöten hören. Topeí steht am Ufer, er spielt das Lied für die Ankunft auf der *jiru'a*. «Er ist ein guter Jäger / Er kehrt von der Jagd zurück / Unserem Dorf bringt er einen großen Tapir / Der Jäger hat seinen Teil getan / Er soll sich ausruhen und mit uns feiern.» Das laute Knallen? Ist Feuerwerk, das die Jungen machen. Sie haben Böller gekauft, bei einem Händler aus der Stadt. Es gehört nicht zu unserer Kultur, die Böller mögen aber alle gern.

Du hast dich erschrocken, als der Kampf auf der Straße begann. Ich bin daran schon gewöhnt, für uns ist es Tradition. Jedes

Jahr gibt es ein Dorf, das den Überfall plant, der alte Tayrí hat die Gruppe angeführt. Gib es zu, du hast ihn kaum erkannt! Sein Gesicht ist pechschwarz, und er trägt viele Ketten, auf seinem Kopf sitzt die mächtige Federkrone *gwyramãimãna*. Nur die größten Krieger dürfen sie tragen. Zur Eröffnung des Mbotava-Fests greift ein Dorf an, dann springen unsere Krieger aus ihrem Versteck und wehren sich. Wir halten eine Nachtwache vor dem Fest, mit Holzprügeln in der Hand, weil das Essen draußen schon bereitliegt. In der Vergangenheit hat mal ein Dorf in der Nacht angegriffen und das Essen geklaut. «Stell dich darauf ein, dass wir gewaltsam kommen!», rufen die Ankömmlinge unserem Häuptling zu, und der droht ihnen zurück. Es sieht aus wie ein Streit, aber wir machen das jedes Jahr. Danach dürfen alle rein. *Uuuuah!*

Komm in die Dorfmitte, das Fest wird in der *oca* sein. In das neue Rundhaus, das Tupajakuí gebaut hat, passen viele hundert Menschen hinein. Letztes Jahr haben wir den Alten kein Wort geglaubt. Sie sagten, sie wissen, wie man so eine große *oca* baut. Doch so einen Bau hatte es schon lange nicht mehr gegeben, die letzte große *oca* nach der alten Art stand in Pagão, da waren die Alten noch Kinder. Sie sagten, sie wissen trotzdem, wie man eine baut. Sie haben es in den Liedern von ihren Vätern gehört. Sie sagten den Frauen, dass sie den Platz in der Ortsmitte fegen sollten, dann malten sie mit ihren Fingern auf dem Boden den Plan. Hier die Pfeiler, da die Querstreben, verbunden mit Knoten aus Lianen. Die Alten erklärten, welcher Baum für welchen Bauteil das Beste ist. Sie wissen, welches Holz leicht Feuer fängt und welches nicht. Iguaí hat die Männer in den Wald geführt und gezeigt, wo die Hölzer wachsen. Das Dach haben sie mit Babassu-Palmwedeln gedeckt, die Blätter muss man in die richtige Richtung drehen und zusammenbinden. Sonst fallen sie bald herab.

Viele Monate lang hat die Arbeit gedauert. Zweimal bist du gekommen und hast uns besucht, als hier noch Baustelle war. Jetzt haben die Tenharim die größte *oca* an der Transamazônica. Ringsherum stehen kleinere Gebäude wie in der alten Zeit. Wir haben jetzt auch einen überdachten Grill und Lagerplatz für das Fleisch und einen Schuppen für das Rösten von Maniokmehl. Es gibt ein neues Haus ohne Wände voller Hängematten, wo die Kinder sich ausruhen können. Die *oca* ist gut geworden, eine Brise zieht unter dem Dach hindurch. Sie ist das kühlste Haus im Dorf, selbst wenn die Mittagssonne brennt. Die Alten haben ein Lied geschrieben, in dem sie über die *oca* singen. Beim Fest wird es heute vorgetragen und danach jedes Jahr.

Tupajakuí, unser Häuptling, hat gesagt: Es soll das prächtigste Grillfest werden, das die Tenharim je ausgerichtet haben. Die Weißen haben die Transamazônica durch unser Land gebaut, sie bedrohen uns und dringen in unsere Wälder ein. Sie haben sogar unsere Anführer ins Gefängnis gesteckt. Doch unser Volk steht immer wieder auf. Beim Fest wird es auch eine Hochzeit geben, es ist einer meiner Cousins. Seine Braut kommt aus einem Nachbarvolk. Die Tenharim heiraten, sie bekommen Kinder. Nach der Transamazônica waren wir nur noch hundert Tenharim, jetzt gibt es wieder fast tausend.

Tupajakuí hat die besten Krieger in den Wald geschickt. Lange vor dem Fest ist er in ihre Dörfer gefahren und hat gefragt, ob sie genug Fleisch mitbringen können. Ein *tavejara'gá* ist nicht wie ein Chef, der Anweisungen gibt oder Strafen verteilt. Nicht mal im eigenen Dorf wird er jemanden bestrafen. Ein guter Häuptling fragt immer die anderen, alle müssen sich einig sein. Er kennt alle Regeln, hört die Familien an und berät sich mit den Alten.[93] Du siehst, die Jäger haben ihre Aufgabe erfüllt. Ein riesiger

Fleischberg liegt auf dem Grill. Sechs Feuer brennen, um alles zu räuchern. Hier schaut der Huf eines Wildschweins heraus, in den Blättern dort drüben stecken die Fische. Das hier ist der Kopf eines Tapirs. Die Kastanien liegen auf einem Stapel nebenan, sie werden geschält und gestoßen, jeder Besucher hilft zwischendurch mit. Die Frauen kochen sie im Wasser weich, dann servieren sie die ersten Gerichte.

Jetzt ist August, das Ende der Trockenzeit, der richtige Monat für das Mbotava-Fest. Bald danach wird der Regen beginnen, dann ist es gut, in den Dörfern zu sein. Wir legen bald die Felder an und pflanzen die Maniokstauden.

Ich will heiraten, irgendwann. Meine Frau wird vom Clan der Adler sein, unsere Kinder sind dann wie ich *mutum.*[94] Ab achtzehn Jahren kann ein Tenharim Hochzeit feiern, ich bin also jetzt im Heiratsalter, aber ich will noch nicht. Ob ich keine Braut ins Auge gefasst habe, willst du wissen? Viele habe ich ins Auge gefasst! Meine Freundinnen wollen mich gleich heiraten, aber ich sage, ich will noch nicht. Ich habe gerade eine Freundin. Mit ihr bin ich heute auf dem Fest. Verstehst du jetzt, warum ich nicht viel Zeit mit dir verbringen kann? Sie ist aus dem Marmelos-Dorf. Ein Mann muss entscheiden, was seine Ziele sind, wann er heiraten will, und ich will im Augenblick noch nicht.

Du fragst, wie es mit den vielen Regeln ist, ob sie mich daran hindern, eine Frau zu finden. Nein, das tun sie nicht. Man muss die Regeln einhalten, dann bekommt man von der Familie viel Unterstützung. Man muss jemanden finden, den man mag. Ich könnte sogar eine Frau heiraten, die nicht zu den Tenharim gehört. Aus anderen Völkern ist es erlaubt, oder es darf eine Weiße sein. Wenn ich eine Weiße heirate, muss sie unsere Kultur akzeptieren. Sie muss sich anpassen. Die Kulturen sind sehr verschieden.

Ein Mann geht viel auf die Jagd, und die Frau ist dann zuhause. Ich brauche eine Frau, die sich gerne um die Dinge im Haus kümmert. Der Mann bringt das Fleisch aus dem Wald, und sie bereitet es in der Küche zu, damit er es essen kann. Einige Frauen fahren gerne häufig in die Stadt, das gefällt mir nicht so gut. Ich finde, man soll in die Stadt fahren, wenn man zum Arzt muss. Ich will eine Frau finden, die so leben will, dass alles zusammenpasst.

Wenn man eine Familie hat, ist es eine große Verantwortung. Ich habe kein Einkommen, verdiene kein Geld, für eine Familie ist das schlecht. Du hast recht, ich habe doch ein Einkommen. Ich bin Jäger und kann Tiere schießen, das ist bei uns normal. Ich kann eine Familie mit Essen ernähren. Einige sagen, es ist genug, ein Jäger zu sein, jeder sieht das anders. Manche heiraten einfach und wohnen weiter bei den Eltern und bauen nach und nach ihr neues Haus. Die ganze Familie hilft dann mit. Doch ich denke nicht so, ich denke anders. Ich glaube, wir Tenharim müssen uns auf zwei Dinge vorbereiten, auf ein Leben in unserer Kultur und ein Leben mit der *sociedade*. Ich bin ein Jäger, aber ich träume davon, auch Geld zu verdienen, zum Beispiel als Helfer in der Gesundheitsstation.

Wenn ich Kinder habe, will ich das Beste für sie. Alle Eltern wollen das Beste für ihre Kinder. Ich werde unsere Kultur niemals aufgeben, und meine Kinder sollen das auch nicht tun. Meinem Sohn werde ich aber sagen: Du wirst in zwei Welten leben. Doch wie bereite ich ihn darauf vor? Meine Kinder sollen zur Schule gehen. Sie sollen immer wissen, was unsere Rechte sind und dass sie sie durchsetzen können. Meine Kinder sollen sagen: Ihr Weißen habt Gesetze, an die sich alle halten müssen, ihr selber auch! Wir fordern unsere Rechte ein!

Mein Sohn soll die Lieder und Geschichten meines Volkes lernen. Er soll wissen, was es heißt, ein Tenharim zu sein. Als Erstes werde ich ihm die Geschichten über die Schlangen erzählen, die Anakondas und Jiboias,[95] damit er die Gefahren kennt und sich schützen lernt. Doch es gibt keine Geschichten, die wichtiger als andere sind. Mein Sohn soll sie alle hören.

Ich möchte reisen, irgendwohin. Ich war nie in Rio de Janeiro oder São Paulo, nur aus dem Fernsehen kenne ich diese Städte, sie sind sehr weit von hier. Ich würde auch gerne dein Land besuchen, aber es ist schwierig, eure Sprache spreche ich nicht. Ich will in die USA, nach Frankreich, nach Paris. Japan, China, von diesen Orten habe ich gehört, die Gebäude sind hoch, die Städte sind groß. Ich würde durch die Straßen gehen und sie mir anschauen. Im Fernsehen haben sie gezeigt, dass bald normale Menschen in Raumschiffen ins Weltall fliegen können! Ich glaube nicht daran. Aber wenn mich einer einlädt? Dann komme ich mit.

Doch ich will zurückkehren in unser Land. Ich bin von hier. Ich kenne die Pfade durch den Wald, unter den Bäumen kann ich atmen, hier bin ich frei. Einige Tenharim sind in die Städte weggezogen, drei oder vier vielleicht. Du kannst sie treffen, sie kommen zum Mbotava-Fest. Ihre Kultur haben sie nicht vergessen, jedes Jahr kommen sie zurück. Ihre Kleider ändern sich, die Schuhe, sie reden anders, aber die Menschen ändern sich nicht.

Die Alten weinen, sie trauern um die Toten. Sie weinen auch, weil sie bald sterben werden, weil es ihr letztes Mbotava-Fest sein kann. Mein Großvater Kikí trauert um seinen Bruder, er wurde von der Schlange gebissen und ist nicht aus dem Wald zurückgekehrt. Der Häuptling Gilvan trauert um seinen Vater Ivan, der an der Transamazônica starb. Sie singen Lieder über die Schmerzen. Die Mbotava ist ein Fest zum Weinen, hier ist dafür der richtige Ort.

Jetzt hat auch die Hochzeit begonnen. Die Braut und der Bräutigam sitzen nebeneinander in der Hängematte, im Kreis stehen ihre Verwandten. Sie sind geschmückt, Iguaí stimmt die Lieder an. Die Tänze werden viele Tage dauern. Hier drüben haben sie Fotos aufgestellt, Kwa'hã, Jocuna, Burú, Nhunpadi, Aruká. Tenharim, die schon verstorben sind. Nur von ihnen haben wir noch Bilder, aber heute sind hier alle Ahnen seit Beginn der Zeit. Unter dem Dach hängt das Fell eines Jaguars, er ist alle Jaguare in unserem Wald. Der Tapir auf dem Grill wacht über das Fest, er ist der Gastgeber, und wir werden ihn gleich essen. Der nächste Tanz hat begonnen – wird dir der Kopf vom Flöten leicht?

Geh vorwärts, stampfe fest auf den Boden, blas in die Flöte bei jedem Schritt. Zwei weitere Schritte, jetzt hältst du den Ton. *Tore-re!, tore-re!* Dein rechter Fuß stampft kräftiger als der linke. Du gehst im Kreis, schreitest kräftig voran, trittst feste auf, hinter den anderen her. Die Alten gehen barfuß und haben Rasseln an den Beinen, du kannst in deinen Sandalen bleiben. Der Rhythmus wird anders, zwei lange Töne, drei kurze Töne, *tototo-te-te!, tototo-te-te!*, die Mädchen kommen in den Kreis. Die Mädchen helfen, die Flöten zu tragen, sie gehen innen, die Männer außen. Du spürst das Brummen der Musik in deiner Brust und im Schädel, hörst die anderen Flöten, sie werden eins.

Mbotava ist das Fest für die Lebenden und die Toten, ein Fest für alle Menschen. Seit ich ein Kind bin, tanze ich beim Mbotava-Fest, und heute werde ich ein Mädchen lieben. Ich bin Madarejúwa, ein Krieger vom Volk der Tenharim, und ich habe keine Angst.

16.

Über dieses Buch

An Marmelos, dem großen Dorf der Tenharim an der transamazonischen Fernstraße, fährt man im Zweifelsfall einfach vorbei. Es gibt hier nichts Schönes oder Auffälliges zu sehen. Von der Straße aus blickt man auf ein paar Holzhäuser mit Stromanschluss, ein kleines Schulgebäude, einen Fußballplatz. Man sieht eine Telefonzelle und eine Satellitenschüssel für Fernsehempfang. Die staatliche Gesundheitsbehörde hat drei weiß verputzte Toilettenhäuschen eingerichtet, die mit Regenwasser gespült werden, und eine Krankenstation, die an Wochentagen mit einer Schwester besetzt ist. Hühner und Hunde streunen zwischen den Bauten umher, der Boden ist festgetretener Lehm, wenige Bäume spenden Schatten. Kein Indianerromantiker kommt hier auf seine Kosten.

Ein Teil des Tenharim-Volkes lebt heute auf diese Weise, zumindest für etliche Monate im Jahr. Hier lernte ich Madarejúwa kennen, er trug bei unserer ersten Begegnung ein T-Shirt, Badeshorts und eine angeberische Sonnenbrille. Er sprach von seinem Projekt, einen alten Motorroller zu reparieren, vom Fernsehprogramm und seinem Mobiltelefon. Als wir unsere erste gemeinsame Exkursion in sein Stammesgebiet vereinbarten, erwartete ich nicht viel.

Doch als das Dorf außer Sichtweite war, wurde Madarejúwa ein anderer Mensch. Lässig navigierte der junge Mann unser Boot durch die Ströme und Seitenflüsse des Reservats. Stromschnellen und Felsen umschiffte er geschickt. Er deutete auf Quellen, wo wir unsere Wasservorräte auffüllen konnten, und auf einladende Strände, wo er den Ausstieg verbat: Vorsicht, giftige Flussrochen lauern hier auf menschliche Beute!

Bald schlugen wir uns auf den alten Pfaden des Indianervolkes durchs Dickicht: der deutsche Reporter in Stiefeln und mit einer Hightech-Ausstattung aus dem «Globetrotter»-Store, Madarejúwa barfuß, mit einem Köcher Pfeile über die Schulter geschlungen und seiner Machete in der Hand. Voller Selbstverständlichkeit trug er nun seine Federkrone, und er bemalte sich zur Jagd mit rostroter Farbe aus den Samen des Annattostrauchs. Er sprach mit den Tieren und jagte sie mit seinen Pfeilen, zerlegte Affen fürs Abendessen, woran ich mich nach anfänglichem Widerstreben gewöhnte. Er organisierte unser Hängemattenlager zwischen Bäumen und prüfte es sorgfältig auf Schlangen und die Fußstapfen gefährlicher Tiere.

Ich hätte mir beredtere Gesprächspartner bei den Tenharim aussuchen können, doch Madarejúwa erschien mir auf eine faszinierende Weise zugleich wortkarg und ausdrucksstark. Er ist, so darf ich das vielleicht nennen, ein Wald-Geek. Bei einer durchschnittlichen Wanderung spult er beiläufig die Namen von knapp fünfzig Pflanzenarten herunter, samt Werkstoffeigenschaften und pharmakologischen Anwendungsgebieten. Dann kann er lange und detailreich über die Tiere erzählen und dabei sehr witzig und humorvoll werden. Geduldig und stets sympathisch belehrte er mich über meine vielen Wissenslücken und Missverständnisse, obwohl er sicher innerlich darüber verzweifelte, dass dieser ignorante Besucher ein Buch über seinen Wald schreiben will. Ich konnte mit Madarejúwa nicht mal in Ruhe auf der Transamazônica Auto fahren, ohne dass er aufgeregt auf Gürteltiere oder

Greifvögel oder Affen hinwies, die er irgendwo im Dickicht ausgemacht hatte. Für mich blieben sie häufig unsichtbar.

Solchen Wellen von Mitteilungsbedürfnis ging oft stundenlanges Schweigen voraus. Nicht selten ist Madarejúwa ohne weitere Erklärungen tageweise verschwunden. Andere Male bedeutete er mir unmissverständlich, dass er keine Lust auf Gespräche habe, zum Beispiel, weil er frisch in ein Mädchen verliebt sei. Bei unseren ersten Treffen habe ich ihn als sehr angespannt erlebt: Er fühlte sich offenbar unter großem Druck, seine Häuptlinge nicht fehlzuinterpretieren und keine Geheimnisse seiner Kultur zu verraten. Er wollte keine Schwächen zeigen, sondern ausschließlich von Errungenschaften und kriegerischen Erfolgen sprechen. Bei manchen Fragen verwies er mich an Ältere seines Volkes. Er kam dann häufig mit zu diesen Gesprächen, um zu übersetzen, zu interpretieren und das Gesagte hinterher mit mir zu diskutieren.

Ich habe bei den Recherchen für dieses Buch auch den Todfeinden der Tenharim einige Besuche abgestattet – den Holzfällern, illegalen Goldschürfern, christlichen Hasspredigern und Besitzern von Sägewerken. In der Erzählung Madarejúwas findet das keinen direkten Niederschlag, dorthin konnte ich ihn ja nicht mitnehmen, obwohl er mich einmal in einer naiven Demonstration von Furchtlosigkeit darum bat. Ich kann mich aber aufgrund dieser Besuche dafür verbürgen, dass er die Bedrohung nicht übertreibt, vor der sein Volk nun steht.

«Wofür brauchen neunhundert Indianer so viel Wald?», wurde ich in einer nahen Holzfällersiedlung mit bedrohlichem Unterton gefragt. «Der Indianer ist ein Killer», beschwor mich ein ehemaliger Goldsucher. Es stellte sich heraus, dass dieser Mann viele Jahre lang heimlich in den Reservaten geschürft hatte und dabei stets eine Waffe am Gürtel trug, um Überfälle der indigenen Waldbewohner abzuwehren. «Wir sollten mal wieder in die Indianerdörfer ziehen und alles in Brand stecken», prahlten Siedler nach einem Bier oder zwei. Sägewerksbesitzer bestätigten, dass rings um die Reservate kaum noch Holz zu finden sei und dass deshalb nun der Angriff auf das Waldstück der Tenharim zu beginnen habe. Da gebe es noch viel zu holen.

Die brasilianische Regierung will – entgegen ihren gelegentlichen Lippenbekenntnissen zum Umweltschutz – den Amazonaswald mit aller Macht wirtschaftlich erschließen. Sie unterstützt den Bau neuer Brücken, Straßen und Staudämme, sie subventioniert Großfarmer und Baukonzerne, und sie hat die Geldmittel der staatlichen Indianerschutzorganisation FUNAI dramatisch zusammengestrichen. Entscheidungen über den Schutz indigener Völker liegen in Brasilien heute direkt in der Hand von Lobbyisten der Agrarwirtschaft, und Menschenrechtsverletzungen in diesen Gebieten geht kaum noch jemand nach.

Kirchliche Organisationen zählten auch 2016 wieder 61 Tote bei Landkonflikten, davon 13 Angehörige indigener Völker. Seit 2003 sollen in Gegenden von Landkonflikten 891 Angehörige von indigenen Völkern gewaltsam umgekommen sein.[96] Dazu kommen versuchte Attentate, schwere Verletzungen und eine Welle von Selbstmorden unter verzweifelten jungen Indigenen. Die Vereinten Nationen und mehrere Regierungen, darunter die von Großbritannien, den Niederlanden und Deutschland, haben in der letzten Zeit Rügen und Fragen in Richtung Brasilien geschickt.

Doch Verbesserungen der Lage gelten als unwahrscheinlich. Holzfäller, Viehtreiber, Goldgräber, Bodenspekulanten und Prospektoren für Ölkonzerne greifen derzeit nach den letzten grünen

Inseln – und das macht wehrhafte indigene Völker wie die Tenharim zu den letzten Wächtern des Amazonaswaldes.

Das Reservat der Tenharim hat ungefähr die Größe von Schleswig-Holstein.[97] Es ist ein Stück Urwald voller Flussläufe und Wasserfälle, wilder Tiere und seltener Pflanzen – und prächtiger, jahrhundertealter Bäume. Einmal im Jahr werden große Gebiete dieses Waldes überschwemmt. Zwischen Februar und April treten der Marmelos und die kleineren Flüsse und Bäche über ihre Ufer und verwandeln große Landstriche in Sümpfe. Dabei tragen sie Nährstoffe in die Böden, die ansonsten sehr karg wären.[98] Im Rest des Jahres lässt das feuchtwarme Klima es zu, dass in den dichten Wäldern, offenen Savannen und Sumpfgebieten eine sehr vielfältige Fauna und Flora gedeiht. Die Tenharim und ihre Nachbarvölker haben gelernt, im Rhythmus der Jahreszeiten ihre Jagden, Pflanzungen und Ernten zu organisieren, und sie wissen sehr gut um die Zerbrechlichkeit dieses fein aufeinander abgestimmten ökologischen Systems. An vielen Orten des Amazonaswaldes hat sich gezeigt, dass die Viehweiden und die agrarischen Monokulturen solche Böden in kurzer Zeit in unfruchtbare Wüsten verwandeln, trotz modernster Agrartechnik und Forschung. Die Tenharim wissen das auch.

Sie erweisen sich in ihrem Kampf seit vielen Jahren als außergewöhnlich wehrhaft. Ich habe schon etliche andere Amazonasvölker kennengelernt. Üblicherweise läuft es so, dass ihre Kultur binnen ein, zwei Generationen verschwindet: Die jungen Leute wollen die Landessprache Portugiesisch erlernen, sie wünschen sich Konsumgüter und ziehen in die Stadt, die Wehrbereitschaft dieser Völker wird durch den Kontakt mit westlichen Invasoren schnell gebrochen. Bei den Tenharim ist das anders. Ihr großer, traumatischer Kontakt mit der westlichen Zivilisation geschah in den siebziger Jahren, aber sie bewahren bis heute in mündlicher Überlieferung ihre forst- und landwirtschaftlichen Methoden, ihre Sprache und Kultur.

Die jungen Leute lernen erst die Sprache ihres Volkes, Tenharim – einen Dialekt des im Amazonasgebiet weitverbreiteten Tupí-Guarani. Erst dann lernen sie Portugiesisch. Auch im Alltag sprechen sie untereinander eher ihre eigene Sprache. Einige Wörter des Tenharim-Dialekts sind in diesem Buch wiedergegeben, ein deutschsprachiger Leser kann sie so aussprechen, wie es sich liest. «A» wie in «Adler», «E» wie in «ebenso», «I» wie in Wind, «O» wie in «Wort», «U» wie in «Frucht». Eine Tilde ˜ markiert einen Nasallaut, der für deutsche Zungen etwas gewöhnungsbedürftig ist, und das Zeichen «'» in der Mitte eines Wortes signalisiert einen kleinen Stopp mit Stimmverschluss. In deutschen Wörtern wie «Spiegelei» oder «ver-eist» kommt so etwas auch vor.[99]

Der erste Eindruck, den man bei der Vorbeifahrt am Marmelos-Dorf erhält, täuscht deswegen sehr. Die Tenharim in der Nähe der Durchgangsstraßen führen ein westlich angepasstes, wenn auch karges Leben, und niemand würde dahinter ihre widerstandsfähige naturverbundene Kultur vermuten. Doch ihr Reservat ist riesengroß, und je tiefer man in den Wald gerät, desto ursprünglicher wird es. Dort lernen Tenharim-Indianer schon als Kinder den Umgang mit Pfeil und Bogen, alles über die Pflanzen und Tiere der Region, das Flötenspiel und Tänze, wie seit Tausenden von Jahren. Ein Teil der Tenharim bezeichnet sich heute als Christen, doch alle glauben an die überlieferte Kultur einschließlich ihrer verzauberten Welt voller Natur- und Geisterwesen.

Erst bei einer meiner späteren Reisen vertrauten die Tenharim mir an, dass tief in ihren Wäldern noch ein Teil ihres Volkes lebe, der mit der westlichen Welt überhaupt nichts zu tun haben will.

Diese Verwandten liefen immer noch herum wie in der alten Zeit: die Frauen nackt, die Männer bekleidet mit einem geflochtenen Penisschutz, Gürteln und Armbändern aus Schilf und Obstkernen, Federschmuck. Als Nomaden zögen sie im südlichen Teil des Stammesgebiets umher. Augenzeugen haben mir erzählt, dass diese isolierten Tenharim sogar feindselig auf eigene Angehörige reagierten, die näher an der Straße leben und sich mit dem Tragen von T-Shirts und Badehosen angefreundet haben. Brasilianische Anthropologen bestätigten später diese Berichte.

Die Tenharim patrouillieren in regelmäßigen Abständen ihr Stammesgebiet. Sie stellen Eindringlinge, wo es ihnen gelingt, oder informieren zumindest die Behörden. Das hat ihnen tödliche Zusammenstöße eingetragen, die geballte Wut ihrer weißen Nachbarn, aber auch Angst und Respekt. «Keiner hier würde nachts mit dem Auto durch das Indianerreservat fahren», vertraute mir ein Anwohner in einer Holzfällersiedlung an. Dann erklärte er mich für lebensmüde und völlig verrückt, als ich trotzdem am Abend in diese Richtung aufbrach.

Die Angst vor den Tenharim hat eine lange Geschichte. Zahllose Berichte, die bis in die erste Hälfte des 19. Jahrhunderts zurückreichen, schildern das Volk als einen feindseligen, nackt durch die Wälder ziehenden Stamm von Kannibalen, der äußerst brutale Überraschungsangriffe auf weiße Soldaten, Kautschuksammler, landwirtschaftliche Siedler und ihre Familien unternahm. In den Geschäftsberichten der Provinzpräsidenten im späten 19. Jahrhundert wurden sie als eine Bedrohung für die Siedler und Neuankömmlinge in diesen Breiten hervorgehoben.[100] Soldaten wurden entsandt, erfolglos, um mit «diesen Menschenfressern» aufzuräumen.

«Sie haben wohl mindestens einmal im Jahr zivilisierte Menschen angegriffen, die quasi jedes Mal den Kürzeren zogen», schrieb der deutschstämmige Ethnologe Curt Unckel, der in den zwanziger Jahren Kontakt mit den feindseligen Völkern der Gegend aufnahm. «Sie wurden zur Geißel am Fluss Madeira.»[101] Unckel forschte jahrzehntelang bei vielen indigenen Völkern und änderte seinen Namen irgendwann in «Nimuendajú». Am Rand des Territoriums der Tenharim, Parintintin und Jiahui baute er damals eine Kontaktstation auf, um ins Gespräch zu kommen. Dort wurde er selber zum Ziel von Attacken, bevor es ihm später gelang, ein begrenztes Vertrauensverhältnis herzustellen. Er ließ die Wände seines Hauses mit Zinkblechen verkleiden, damit er nicht im Schlaf von Pfeilen durchlöchert wurde. Einer seiner typisch akribischen Einträge liest sich so: «Die neun Angriffe auf den Posten fanden zu folgenden Uhrzeiten statt: 11:30, 7:00, 10:30, 18:30, 11:00, 20:00, 10:30, 17:30 und 2:00 Uhr.»

Ich hatte es bei den Recherchen für dieses Buch also leichter als seinerzeit der Ethnologe Unckel. Höchst selten traten die Tenharim mir gegenüber feindselig auf – und dann waren es Missverständnisse, die sich in einem Gespräch mit Häuptlingen und Ältesten ausräumen ließen. Etliche Herausforderungen und Fallen blieben aber dennoch. Das fängt damit an, dass die Tenharim nicht sonderlich gesprächig sind. Sie treten außergewöhnlich reserviert auf, kühl sogar, Emotionen verbergen sie gern.[102] Das trifft nicht nur Außenseiter wie mich. Selbst lang vermisste Verwandte werden bei einer Begrüßung im Familienkreis nicht etwa umarmt, so wie es in der warmherzigen Kultur des restlichen Brasiliens der Fall wäre, sondern ihr Erscheinen wird mit freudiger Sachlichkeit zur Kenntnis genommen. Abschiede sind entsprechend. Man sagt: «Ich gehe jetzt», oder man steht einfach wortlos auf.

Der übliche Gruß der Tenharim, ihr Äquivalent zum «Hallo»,

lautet *«patiakwá»*: «Du bist gerade angekommen.» Die richtige Antwort darauf lautet: *«Éi»*, was man mit «Ja genau» übersetzen kann oder je nach Kontext auch mit: «Sprich! Spar dir deine Floskeln! Was hast du zu sagen?»

Diese Verschlossenheit ist auch typisch für Madarejúwa, der in diesem Buch als der Mittler zwischen den Kulturen auftritt. Die Sprache seines Volkes, Tupí-Guaraní im Kagwahiva-Dialekt, ist seine erste Sprache, und sie bestimmt sein Denken. Sein Portugiesisch ist gebrochen. Er spricht lakonisch, meistens in kurzen Sätzen. Die Anbindungen sind oft assoziativ, er macht Gedankensprünge, bildet viele Wiederholungen und kurze Kausalketten. Er nimmt bedeutsame Körperhaltungen ein und macht stumme Gesten. Manchmal zeigt er irgendwohin und erwartet mit einem Lächeln, dass man ihn wortlos versteht. Nicht alles, was er sagt, konnte ich entschlüsseln.

Ein besonderes Problem hatte ich damit, dass Madarejúwa sich widerspricht. Er erklärt die Dinge mal so und mal so, und ich hatte Schwierigkeiten, herauszufinden, woran das liegt. Im Laufe der Zeit habe ich mehrere Vermutungen darüber angestellt.

Hin und wieder, glaube ich, geht schlicht die Begeisterung über seine Kultur, Geschichte und die eigenen Fähigkeiten mit ihm durch. Wenn er darüber berichtet, dass die Krieger seines Volkes niemals Niederlagen eingesteckt haben, so steht dies in offensichtlichem Konflikt mit ihrer Geschichte. Wie konnte es dann sein, dass gegen ihren Willen eine Straße durch ihr Land gebaut wurde und dass heute Holzfäller und Goldgräber auf dem Stammesgebiet ihr Unwesen treiben? Wo die Widersprüche durch jugendliche Prahlerei zu erklären waren, leuchteten sie mir schnell ein. Andere Male konnte ich mir aber keinen Reim auf sie machen, da erschien Madarejúwa mir sehr fremd.

Ich glaube, dass einige Unklarheiten in seinen Erzählungen und denjenigen der anderen Tenharim damit zu tun haben, dass sie es mit Jahreszahlen und Altersangaben nicht genau nehmen. Eine Knobelaufgabe entstand zum Beispiel an der Stelle, wo die ersten Flugzeuge über dem Dorf Pagão kreisten. Nach dem Geburtenregister der Tenharim hätte Madarejúwas Großvater Kikí da schon zwölf oder gar vierzehn Jahre alt sein müssen, also ein junger Krieger mit entsprechenden Aufgaben. Die Familie erzählt aber, dass er neun Jahre alt war und mit den Frauen in den Wald verbracht wurde. Ich vermute, dass irgendetwas in diesem Geburtenregister nicht stimmt, dass Kikí nicht wie angegeben im Jahr 1957 geboren wurde, sondern später, was ihn freilich zu einem sehr jugendlichen Großvater macht. Doch solche Dinge bleiben letztlich Raterei.

Andere Abweichungen zwischen den unterschiedlichen Versionen von Geschichten hängen damit zusammen, dass die mündliche historische Überlieferung nicht perfekt funktioniert. Das muss nach dem traumatischen Massensterben der Tenharim in den siebziger Jahren nicht weiter verwundern. Vermutlich haben die Tenharim seither ihre unvollständigen Erinnerungen zusammengetragen und die Lücken notdürftig aufgefüllt. Ein Beispiel: Wenn Madarejúwa heute erzählt, dass der mutmaßliche Indianerforscher und Händler Bonifácio in den dreißiger oder vierziger Jahren der erste Besucher von außerhalb war, widersprechen dem andere Quellen. Nimuendajú[103] zum Beispiel referenziert Händlerkontakte in diesen Waldgebieten bis zurück ins 19. Jahrhundert. Laut Peggion[104] kamen Händler und Kautschukzapfer spätestens seit den 1920er Jahren ins Land der Tenharim.

In einigen Fällen verstehe ich die Schweigsamkeit und Doppeldeutigkeit der Tenharim-Erzählungen als eine Kriegslist. Wenn

Madarejúwa und seine Kollegen davon berichten, wie es beim Marsch der weißen Siedler auf ihre Dörfer zuging, werden sie auffällig vage und widersprüchlich. Wie genau wurden die Nachrichten zwischen den weit voneinander entfernt liegenden Dörfern Campinhu-hu, Mafui und Bela Vista ausgetauscht? Laut Kikí wurden zeitweise «per Motorrad» Kuriere geschickt, andere sprachen von CB-Funkgeräten, die es meines Wissens aber nicht in allen Dörfern gibt. In der Lokalpresse ist auch von einem Ferngespräch zwischen Kikí und den Behörden in Humaitá sowie mit der FUNAI in Brasilia über die öffentliche Fernsprechzelle im Marmelos-Dorf die Rede. Das konnte aber nicht verlässlich bestätigt werden.

Besonders ungenau werden die Erzählungen der Tenharim über die großen, heiklen Fragen, etwa den Kannibalismus und die grausamen Kriegsmethoden der Tenharim vergangener Epochen. Bei meinen Recherchen fiel mir eine – wohl verständliche – Tendenz auf, solche Dinge zu leugnen, um das eigene Volk nicht in schlechtem Licht erscheinen zu lassen. Als ich Gespräche mit den alten Männern des Dorfes führte, stritten sie zeitweise ab, dass sie überhaupt schon auf der Welt gewesen seien, als der Krieg gegen das Nachbarvolk Jiahui tobte. Das ist aber unmöglich, eine entscheidende Schlacht war 1950, die Auseinandersetzungen hielten bis 1970 an, und einige der Herren erinnern sich an andere Ereignisse aus den 1940er Jahren. Ähnlich ist es beim Thema Kannibalismus.

Im Zweifel habe ich solche Widersprüche einfach stehen lassen. Ich habe mir trotzdem die gleiche Sache zur Sicherheit drei- oder viermal erzählen lassen und die Versionen zusätzlich mit anderen Quellen abgeglichen. Anthropologen, brasilianische Literaturexperten, Lehrer in indigenen Schulen und Vertreter von Nachbarstämmen wurden zurate gezogen, wo immer es ging. Ein solcher Umgang mit den Fakten ist ein Berufsreflex westlicher Berichterstatter, doch manchmal hatte ich auch den Eindruck, er sei fehl am Platz. Die Tenharim erzählen ihre historischen Berichte und kosmologischen Mythen jedes Mal ein wenig anders. Sie sagen häufig «wir» und selten «ich» und vermischen übergangslos ihre eigenen Erfahrungen mit denen anderer Zeitgenossen und längst verstorbener Ahnen. Ihre Geschichten leben und nehmen je nach Ort, Zeit und Gegenüber eine andere Form und Bedeutung an.

Aus dieser Welt im Fluss habe ich einen Text gefischt, der sich, wo immer möglich, an die wörtliche Rede Madarejúwas hält. Er ist aber keine rohe Mitschrift von Sprechen und Schweigen, sondern eine Weitererzählung des Erzählten. Insofern ist Madarejúwa, der Erzähler, auch eine literarische Figur, aber keine Fiktion. Mit Blick auf westliche Leser hielt ich es für sinnvoll, viele Wiederholungen auszulassen und Widersprüche aufzulösen oder sie zumindest im Sinne einer «kontrollierten Widersprüchlichkeit» (Viveiros de Castro) ausdrücklich zu machen. Ich habe Sinnzusammenhänge durch die Gliederung des Buches geschaffen, Worte für Gesten und Körpersignale gefunden, das Gesagte mithilfe unserer zusätzlichen Quellen entschlüsselt und präzisiert. Für eine solche anthropologische Übersetzungsarbeit gibt es keine Patentrezepte, aber ich konnte mir gelungene Vorbilder[105] und eine breite wissenschaftliche und literarische Debatte[106] zunutze machen.

Als ich nach meinen letzten Gesprächen für dieses Buch das Marmelos-Dorf verließ, sang der Schamane Topeí ein mehrminütiges Lied. Er segnete darin das Projekt. Er sagte, dass die Menschen in Deutschland von seinem Volk erfahren sollten. Ich fragte ihn, ob er sich davon auch praktische Hilfe verspreche, Geld zum

Beispiel oder politische Unterstützung. Es kam aber keine rechte Antwort – obwohl ich mir sicher bin, dass beides hochwillkommen wäre. Ich fragte Madarejúwa, was die Erwartung der Tenharim an ein Buch in Deutschland sei. Er besprach sich mit einigen Verwandten und kam mit zwei Sätzen zurück: «Es würde helfen, wenn die Leute verstünden, wie unser Leben hier ist. Ich glaube, beide Seiten können voneinander viel lernen.»

Zehn Tage nach der Kriegerversammlung auf dem staubigen Dorfplatz von Campinhu-hu verstrich das Ultimatum der Tenharim. Die Regierungsvertreter waren wieder abgezogen, ohne feste Zusagen zu machen, und auch nach zehn Tagen gab es nur Allgemeinplätze von ihnen zu hören. Man werde sich um die illegalen Holzfäller kümmern und neue Gedanken über alternative Verdienstmöglichkeiten für indigene Völker entwickeln. Die Tenharim finden, dass sich nichts verändert hat. Die Autos, Warentransporter und Holzlaster rumpeln ohne Pause weiter über die Transamazônica. Ihre Drohung, die Brücken abzureißen, hat das Volk dennoch nicht wahr gemacht. Die Häuptlinge wollen weiter verhandeln – und hoffen.

Der Kriminalfall um die fünf Tenharim, die wegen des Mordes angeklagt sind, läuft im Schneckentempo der brasilianischen Justiz weiter. Bei Drucklegung dieses Buches waren sie weiterhin frei, aber sie durften das Reservat nicht verlassen. Irgendwann in den kommenden Monaten wird ihr Fall erneut vor einem Gericht verhandelt. Es ist möglich, dass sie noch verurteilt werden und den Rest ihres Lebens hinter Gittern verbringen müssen.

Madarejúwa war bei Drucklegung weiterhin Single. Er hat den Entschluss gefasst, nochmal in eine Schule zurückzukehren: Er hat sich eingeschrieben und lebt jetzt zeitweise bei Verwandten in Humaitá. Er erwägt, irgendeinen Abschluss zu machen, denn er sagt, dass ein Tenharim heute auf beides vorbereitet sein müsse: das traditionelle Leben und den Umgang mit der *sociedade*. «Doch ich werde niemals für immer in der Stadt bleiben», betonte er im Herbst 2017 in einem Telefongespräch aus Humaitá. «Nach der Schule kehre ich zu meinem Volk in den Wald zurück.»

Dank

Die Recherchen für den «Letzten Herrn des Waldes» zogen sich über vier Jahre hin. Viele Kollegen, Freunde und Bekannte haben wertvolle Ideen beigetragen und mir Mut zugesprochen. Ihnen bin ich zu Dank verpflichtet – und kann sie unmöglich alle nennen.

Philipp Lichterbeck, Giorgio Palmera und Davilson Brasileiro waren das Team, mit dem ich erstmals auf die Tenharim stieß. Später fuhren wir auch gemeinsam zu ihren Feinden weiter, den Holzfällern und Goldsuchern, bei anschließenden Expeditionen kamen Maria Manner und Juliana Barbassa hinzu. Pia Marais bestärkte mich mit dem scharfen Blick einer Filmregisseurin in der Idee, mich statt an irgendeinen erfahrenen Häuptling an die Fersen des jungen Kriegers Madarejúwa zu heften. Davilson blieb mein Begleiter bei allen späteren Expeditionen ins Tenharim-Reservat, er ebnete diesem Projekt den Weg durch die Bürokratie und half mit seiner jahrzehntelangen Erfahrung mit indigenen Völkern. Kontakte in den Holzfällersiedlungen und viele Recherchen bei den Widersachern der Tenharim arrangierte der nimmermüde Marcos Aurelio Ferreira. Ohne sie wäre hier wenig zustande gekommen.

Heike Wilhelmi, meine Agentin, redete mir meine erste Idee für ein Amazonasbuch aus. Ich wollte ein klassisches Sachbuch über meine Erlebnisse im Regenwald schreiben. Stattdessen regte sie eine Ich-Erzählung an, durch die Augen einer betroffenen Person – was der entscheidende Anstoß war. Stefan Bollmann und das Team bei C.H.Beck hatten die Courage, diese unkonventionelle Idee tatsächlich umzusetzen. Ich danke sehr für das Vertrauen und für die äußerst einfühlsame und zugleich akribische Arbeit am Text.

Meine Frau, Fernanda Canelas, und mein Sohn Daniel ertrugen meine langen Abwesenheiten und später den entrückten *anhaĝa*, der man während des Buchschreibens wird. Vor allem aber konnte Fernanda mir einen Kosmos literaturtheoretischer Debatten eröffnen, die bei diesem Thema eine Rolle spielen. Sie hatte sich lange an den Universitäten Belo Horizonte, Köln und Warwick mit brasilianischen Schöpfungsmythen auseinandergesetzt und brachte mich mit Fachwerken auf den richtigen Pfad. Das war klasse, Fernanda.

Wie schließt man einen Vertrag mit einem Volk im Amazonaswald? Auch das war nötig für dieses Buch. Man kann nicht einfach hinfahren und sich am kulturellen Reichtum eines Volkes «bedienen», aber einen juristischen Text voller Klauseln nach westeuropäischen Vorstellungen mag man dort auch niemandem vorlegen. So kam es zu einem ungewöhnlichen Team aus zwei Rechtsprofessoren: Der Münchner Jurist Bernhard von Becker und sein Kollege Rodrigo Bessa aus Rio de Janeiro stellten im Zusammenspiel mit der Vermittlung vor Ort durch Davilson Brasileiro sicher, dass es fair und korrekt zuging.

Der größte Dank gebührt dem Volk der Tenharim. Ich bin dort überall mit offenen Armen für meine Recherchen empfangen worden. Antônio Enésio, Márcio und Ivanildo von der APITEM haben vertrauensvoll meine Reisen im indigenen Territorium autorisiert, bis hin zu den Heiligen Stätten. João Sena und Léo und ihre Familien haben mich mit herzlicher Gastfreundschaft in den Dörfern untergebracht. Ich bin sehr dankbar für den Vertrauensbeweis, dass ich bei späteren Besuchen auch Zugang zu den Ältesten und zum «geheimen Schamanen» der Tenharim bekam. Gilvan gab mir trotz des laufenden, brisanten Kriminalverfahrens gegen seine Person und seine Angehörigen Interviews. Leandro und sein Team von Dorfschullehrern in Marmelos sind mir mit Übersetzungsmarathons zwischen Portugiesisch und Kagwahiva beigestanden; Leandro habe ich darüber hinaus für unzählige Einordnungen von Aspekten der Tenharim-Kultur zu danken. Wer irgendwann im Leben einen Daredevil als Bootsmann am Amazonas sucht, dem empfehle ich Adamur Tenharim – tausend Dank für den großen Einsatz bei unseren Fahrten und für all den Fisch.

Wesentliche Fingerzeige zu anthropologischen Fragen gab mir Edmundo Peggion von der Staatlichen Universität São Paulo, der die Tenharim seit Jahrzehnten erforscht. Sein Student Gabriel Garcêz Bertolin half bei der Interpretation von Landkarten des Indianerreservats. Der US-amerikanische Sprachforscher Daniel Everett teilte Einschätzungen über die Pirahã, ein Nachbarvolk der Tenharim, das er jahrzehntelang erforscht hat. Einordnungen zum Kriminalfall rings um den Mord an drei Männern auf der Transamazônica erhielt ich in einem Gespräch mit dem Chefanwalt des Missionarswerks der Katholischen Kirche, Adelar Cupsinski, der dort den Fall betreut. Domingos Sávio von der Indianerschutzbehörde FUNAI war ein immer hilfreicher Ansprechpartner in Humaitá.

Vielen Dank für Tipps und Kontakte an Dayane Tenharim, Valmir Parintintin, Linete Ruiz Ferreira und Celso Maldos.

Luiza Fonseca von der Universität Rostock half mir aus einer Klemme: Tenharim-Dialoge sind mit den Namen exotischer Pflanzen und Tiere gepfeffert. Hier war eine Biologin gefragt, die sich auf Entdeckungen seltener Arten und unentdeckter Spezies spezialisiert – und außerdem noch Deutsch und Portugiesisch spricht. Danke, Luiza!

Abschließend ein Shout-Out für die Autowerkstatt «Waschen» in Porto Velho. Sie heißt wirklich so, und ihr Name ist Programm – auch dann, wenn ein deutscher Journalist mit einem Truck unter einer Schlammkruste ankommt. Die Autowerkstatt «Borracheria» im Holzfällerort «180» hat ohne Murren den Reifen des verrückten Gringo-Indianerfreunds repariert. Ich stelle mir vor: Es hat Zivilcourage erfordert.

Allen zusammen: Danke, dass das Buch möglich geworden ist, allein hätten Madarejúwa und ich es nie geschafft.

ANHANG

Anmerkungen

1 Fischermann & Lichterbeck, Der Kampf um die Lunge der Welt: Weiße Holzfäller zerstören den Amazonaswald. Wie drei Indianerstämme versuchen, sie daran zu hindern, 2014.

2 Red Amazónica de Información Socioambiental Georreferenciada (RAISG), 2015; Instituto Nacional de Pesquisas Espaciais, 2016; Butler, 2016.

3 Eine kurze Notiz zur Wortwahl. Vor allem in der Fachliteratur ist es heute üblich, von «indigenen Völkern» zu sprechen: Dies wird als politisch korrekter betrachtet als früher gebräuchliche Bezeichnungen wie «Indianer», «Indios» oder auch «Urvölker» und «Eingeborene». In diesem Buch wird das nicht so streng gehalten.

Anders als im Spanischen hat der Begriff *«índio»*, also Indianer im Portugiesischen, keine negative Konnotation. Tatsächlich heißt die staatliche Behörde für den Schutz dieser Völker die «Fundação Nacional do Índio». Madarejúwa bezeichnet sich selber als *«índio»*, gelegentlich auch als «Indigener». Die Frage ist mit ihm für dieses Buch diskutiert worden, und er hält beide Wörter für identisch und keines für derogativ. Wo er selber spricht, wird in diesem Buch daher seiner jeweils eigenen Wortwahl gefolgt. Wo der Autor Fischermann spricht, zieht er «Indigene» oder «indigene Völker» vor. Wörter wie «Indianerreservate» oder «Indianerschutzbehörde» sind so gebräuchlich und werden verwendet.

Auf den Begriff «Eingeborene» wird wegen einiger negativer Konnotationen im Deutschen verzichtet, obwohl das eine ziemlich wörtliche Übersetzung des Begriffes «Indigene» ist. Auf «Urvölker» wird ebenfalls verzichtet, weil nicht klar ist, wie «ursprünglich» diese Völker sind und im Verhältnis zu was. In aller Regel wird von «Völkern» gesprochen und nicht von «Stämmen», es sei denn, es ist ausdrücklich ein bestimmter Familienstamm gemeint – etwa dort, wo Madarejúwa von dem gemeinsamen Stammbaum der isoliert lebenden Tenharim und seiner eigenen Verwandtschaft spricht.

4 Gemeint sind hier die offiziell demarkierten Indianerreservate, die staatlich designierten Naturparks mit indigener Bevölkerung und jene Gebiete, auf denen die vermutlich etwa 100 sogenannten unkontaktierten Stämme leben, die also noch keine regulären Beziehungen mit der Welt

der Weißen unterhalten, vgl. dazu Red Amazónica de Información Socioambiental Georreferenciada (RAISG), 2015; Fundação Nacional do Índio (FUNAI), 2017.

5 Siehe für verlässliche Daten Red Amazónica de Información Socioambiental Georreferenciada (RAISG), 2015. Es gibt mehrere Methoden, die Abholzung am Amazonas zu messen, und einige dieser Daten werden monatlich herausgegeben, wobei aber die monatlichen Abholzungsraten je nach Witterung und Wirtschaftslage erheblich schwanken. Das führt häufig zu hysterischen, aber fehlerhaften Presseberichten nach dem Motto: «Abholzung am Amazonas steigt um 300 Prozent!», aber auch: «Abholzung am Amazonas geht wieder zurück». Aufschlussreich sind nur die etwas langfristiger erhobenen Daten, auf die hier Bezug genommen wird.

6 Madarejúwa benutzt hier das portugiesische Wort «Cipó»: ein Sammelbegriff für mehrere Pflanzenspezies und -familien, die volkstümlich als Lianen, Kletterpflanzen oder Schlingpflanzen bekannt sind. Der Amazonaswald ist voll davon.

7 Babassu-Palme (*Attalea speciosa*).

8 Eine kräftige erdig-rote Farbpaste aus den Samen der Dornenfrüchte des Annattostrauchs (*Bixa orellana*). *Urucum* wird bei vielen Amazonasvölkern für Bemalungen, zur Körperpflege und bei Ritualen eingesetzt.

9 Die Kastanienernte dreht sich hauptsächlich um die auf Portugiesisch so benannte «Castanha do Pará», die Samen der lat. *Bertholletia excelsa*, vgl. Instituto Xavante, 2016. Pará ist ein Bundesstaat im brasilianischen Amazonasgebiet, daher kommt die Bezeichnung. Die gebräuchlichste Übersetzung ins Deutsche lautet in der Botanik und im Lebensmittelhandel «Paranuss» beziehungsweise «Paranussbaum». Es gibt auch die Bezeichnungen Amazonenmandel, brasilianische Kastanie, Brasilnuss, Rahmnuss und einige mehr. Abweichend davon, und nach einer ausführlichen Erörterung des Themas mit Fachleuten, ist im Buch von «Kastanien» und «Kastanienhainen» die Rede. Dies ist aus botanischer Sicht nicht falsch, nur unpräzise, und die Entscheidung ist eine literarische im Sinne einer kulturellen Übersetzung. «Kastanien» wecken bei Deutschen vergleichbare Assoziationen wie «Castanhas» bei den Tenharim, also Kindheitserinnerungen, Gemeinschaftserlebnisse an Feuerstellen, die Jahreszeit der Ernte.

10 Der Begriff «Wildschwein» ist weit und meint hier mehrere Tierarten zugleich. Im Tenharim-Gebiet werden vor allem Queixada-Schweine (Weißbartpekari, lat. *Tayassu pecari*) und Caititus (Halsbandpekari, lat. *Pecari tajacu*) gejagt. Quelle: Instituto Xavante, 2016.

11 Etliche indigene Völker und auch die Tenharim stellen ein Gewürz mit einem salzigen Geschmack her. Es wird aus dem gerösteten bis verkohlten

Herz von Palmgewächsen gewonnen. Bei diesem Herz handelt es sich um das essbare Bildungsgewebe von Stamm und Blättern am oberen Ende einer Palme.

12 Mindestens drei verschiedene Pflanzenspezies, teilweise aus unterschiedlichen Familien, sind im Amazonasraum als «Uixí» bekannt. Sie sehen ähnlich aus und werden ähnlich konsumiert. Weil keine Pflanzenproben mitgenommen werden konnten, wurde die genaue Spezies hier nicht bestimmt.

13 Kapuzineraffe, auf Portugiesisch »Macaco Prego», wissenschaftlich die Gattungen *Cebus* und *Sapajus* (Alfaro, 2012).

14 Eine Farbe aus dem Saft der Jenipapo-Frucht (*Genipa americana*), die zunächst farblos ist, nach einigen Stunden in der Sonne aber eine blauschwarze Färbung der Haut hervorruft, die mehrere Wochen lang bleibt.

15 Eine dickflüssige fermentierte Masse aus gestoßenen Babassu-Nüssen, später im Buch wird es genauer erklärt. Sie ist pechschwarz.

16 Der Tapir (*Tapirus terrestris*) ist ein dunkelgrau gefärbtes Tier, das schweinförmig aussieht und im Tenharim-Gebiet die Größe von Rindern annehmen kann. Es ist aber kein Schwein, sondern näher verwandt mit Pferden und Rhinozerossen.

17 Diese Flöten werden aus Bambusrohren der Gattung *Guadua* hergestellt.

18 Der Mutum ist auf Deutsch ein Hokkohuhn (aus der Familie der Cracidae), eine Art Wildhuhn mit überwiegend schwarzen Federn, vgl. Instituto Xavante, 2016. Es ist zugleich das Wahrzeichen des Mutum-Clans der Tenharim. Zunächst erscheint es überraschend, dass Madarejúwas Großvater seine Kriegerauszeichnung für das Erschießen dieses vergleichsweise kleinen Tieres bekam. Doch der Tapir, den Madarejúwa für seine Initiation schoss, ist eigentlich ein leichteres Ziel, er ist größer und steht an den Tränken lange Zeit still. Ein Hokkohuhn läuft ständig herum.

19 Das sehr flüssige Harz aus Copaíbabäumen (aus der Gattung der *Copaifera*), wozu mehrere Spezies mit jeweils etwas unterschiedlichen medizinischen und kosmetischen Anwendungsgebieten gehören. Copaíba-Öl riecht sehr stark aromatisch, ihm werden entzündungshemmende, auch antibiotische Wirkungen nachgesagt.

20 Streng genommen war der Mann ein Brasilianer, doch zu dieser Zeit wurden die weißen Brasilianer mit Bezug auf die Kolonialmacht Portugal noch häufig Portugiesen genannt.

21 Das ist auch die Version der Interessenvertretung des Tenharim-Volkes bei der Indianerschutzorganisation APITEM. Die Vorwürfe von Zwangsarbeit, Versklavung und anderen Gewaltformen wurden in einer Untersuchung durch das Ministério Público Federal Brasiliens aufgearbeitet, das zu dem Schluss kam, dass der Staat den Tenharim große Entschädigungszahlun-

gen schuldet (mit deren Bezahlung niemand tatsächlich rechnet). Für dieses Buch konnte das nicht überprüft werden, aus erster Hand haben einige Senioren des Volkes allerdings noch über Arbeit für die Baufirma gesprochen. Es war offenbar so, dass viele Tenharim sich erfolgreich vom Straßenbauprojekt fernhielten und dass einige sich freiwillig oder unfreiwillig daran beteiligten. Dass es sklavenähnliche Beschäftigungsverhältnisse sowie Vergewaltigungen und Entführungen gab, ist sehr gut möglich, aber für dieses Buch lagen dafür keine klaren Belege vor. Es gab ein anderes Bauprojekt der gleichen Baufirma, die die Transamazônica konstruierte, am Fluss Igarapé Preto in einem Tenharim-Siedlungsgebiet, dabei handelt es sich um eine große Zinnerzmine. Sie war in vieler Hinsicht ein menschliches und ein ökologisches Desaster, aber es gab dort keine Sklaverei, sondern Bezahlung und Unterkünfte für indigene Arbeitskräfte. Siehe dazu auch Araujo Junior, 2014, und Castilho, 2014.

22 Etwa 14 Euro zum Zeitpunkt des Gesprächs.

23 Etwa 480 Euro zum Zeitpunkt des Gesprächs. Vermutlich ist das eine Übertreibung vonseiten der Händler, denn kaum jemand in dieser Region geschweige denn bei einem indigenen Volk wird sich Spitzengeräte dieser Preisklasse leisten.

24 Etwa 70 Euro zum Zeitpunkt des Gesprächs.

25 Die Tenharim beziehen sich hier auf die eine Schlangengattung der Anakonda (*Eunectes*), die gigantische Ausmaße von mehr als 10 Metern erreicht und an Flüssen und in Sümpfen zu finden ist. Anakondas verschlucken auch große Tiere wie Wildschweine und Kaimane und angeblich sogar Ochsen als Ganzes. Berichte von Riesenschlangen, die 30, 40 oder 50 Meter Länge erreichen, sind unter Zoologen umstritten. Bisher wurde nicht belegt, dass es sie gibt, es kann aber naturgemäß auch kaum widerlegt werden. Im Amazonasraum werden vier Spezies dieser Gattung unterschieden. Offenbar unterscheiden die Tenharim in ihrem Gebiet zwei Spezies oder intra-spezifische Variationen, die sie mit den (im Portugiesischen eigentlich synonymen Begriffen) «Sucuri» und «Anaconda» belegen. Solche Unterscheidungen, die sich nicht mit den Begriffen in westlichen biologischen Lehrbüchern decken, werden auch bei anderen indigenen Völkern getroffen.

26 In der Familie der Accipitridae-Vögel gibt es mehrere Spezies, die im Portugiesischen volksläufig als «Gaviões» und «Águias» bezeichnet werden. Sie gehören unterschiedlichen Gattungen an. Aus zoologischer Sicht ist der deutsche Begriff «Adler» hier die passendste Übersetzung im Sinne eines Sammelbegriffs. Der Begriff «Adler» ist zudem im Sinne einer kulturellen Übersetzung vorzuziehen, weil die Assoziationen mit einem riesigen Raubvogel und «Herrscher der Lüfte» in beiden Kulturen übereinstim-

men. Auf dem Gebiet der Tenharim wird unter anderem der sogenannte Gavião Real gesichtet (wissenschaftlich *Harpyja harpyja*), ein großer Greifvogel mit sehr breiten Schwingen und einem eulenartigen Kopf. Er gilt als der kräftigste Greifvogel der Welt, vgl. Instituto Xavante, 2016, und Bruno, 2010.

27 Eine kleine schwarze Fliege aus der Familie der Simuliidae.

28 Eine Saracuralle (aus der Gattung *Aramides*). Diese Vögel leben üblicherweise in Mangroven und in tropischen Wäldern, stets in der Nähe von Flüssen, Sümpfen oder Seen.

29 Typisch in diesem Gebiet sind Alligatoren und Kaimane (die Familie der Alligatoridae), auf Portugiesisch: «jacaré».

30 Süßwasserstechrochen (die Familie Potamotrygonidae). Es gibt zahlreiche Arten davon im Amazonasbecken. Auf Portugiesisch «Arraia».

31 Die aggressiven, fleischfressenden Raubfische gehören zur Familie der Characidae. Das Wort Piranha kommt aus den Tupí-Sprachen, zu denen auch Maradejúwas Sprache Kagwahiva gehört: «pirá» heißt «Fisch» und «anha» heißt «Zähne», also handelt es sich um einen Fisch mit Zähnen.

32 *Botos* sind Süßwasser-Delfine, ein im Amazonasraum sehr weit verbreitetes Tier und Gegenstand unzähliger Legenden.

33 Er meint hier einen Klammeraffen (wahrscheinlich *Ateles paniscus*), eine pechschwarze Affenart mit einem langen Klammerschwanz. Des Idiomatischen wegen wurde «Spinnenaffe» im Text gelassen.

34 Mehr als zehn Arten solcher Nachtaffen (aus der Gattung *Aotus*) sind bekannt, die nachtaktiven Tiere leben in Familien und ernähren sich überwiegend von Früchten.

35 Das ist hier nicht, oder höchstens teilweise, jugendliche Angeberei. Der Psychologe und Anthropologe Waud H. Kracke stellte ausführlich dar, wie die Kagwahiva-Indigenen Empfindungen von Angst und Schmerz unterdrücken (Kracke, 1981).

36 Jaguare (*Panthera onca*) sind Großkatzen, die auf dem Gebiet der Tenharim in mehreren Färbungen auftreten, unter anderem als schwarzer Panther und hier als gefleckter Jaguar mit einer leopardenähnlichen Zeichnung des Fells. Im Tenharim-Gebiet leben auch Pumas (*Puma concolor*), die kleiner sind.

37 Papageien (Psittacidae) kommen auf dem Gebiet der Tenharim in einer großen Artenfülle vor. Madarejúwa spricht selber von Papageien, überwiegend werden für das Kunsthandwerk stattdessen aber die Federn einiger Ara-Arten verwendet: der leuchtend hellrote Ara (*Ara macao*), der tiefblaue Hyazinth-Ara (*Anodorhynchus hyacinthinus*) und der Gelbbrustara (*Ara ararauna*) mit seinen charakteristischen türkisgrünen Flügeln, siehe Bruno, 2010.

38 Der fließende Übergang zwischen Mythos und Traum, inklusive einer kul-

turellen Institution der Traumdeutung bei den Kagwahiva-Völkern, ist gut dokumentiert bei Kracke, 2009.

39 Halsbandpekari (*Pecari tajacu*), s. Anm. 10.

40 Weißbartpekari (*Tayassu pecari*), s. Anm. 10.

41 Die Geschichte des Dreifachmords an der Transamazônica, den die Polizei auf den 16. Dezember 2013 datiert, ist bisher nicht aufgeklärt. Weil das Buch aus der Perspektive der Tenharim geschrieben ist, fällt die hier beschriebene Darstellung naturgemäß einseitig aus. Nach vertiefenden Gesprächen für dieses Buch mit der Polizei, mit Angehörigen der Opfer, Anwälten von Opfern und mutmaßlichen Tätern, den angeklagten Tätern, Lokalgrößen in Humaitá wie dem örtlichen Bischof, Lokalgrößen in der Holzfällersiedlung «180» und dem Chefredakteur der lokalen Nachrichtenseite «Acritica de Humaitá» muss der Fall zum Zeitpunkt der Drucklegung schlicht als unaufgeklärt gelten. Die bisher veröffentlichten Beweise der Polizei muss man als schwach und inkonsistent bezeichnen, die mutmaßlichen Täter wiederum haben kein wasserdichtes Alibi. Die Leichen der drei Männer wurden viele Wochen nach der Tat von der Polizei in der Nähe eines Tenharim-Dorfes gefunden, das ganz am Rand der Indianergebiete liegt. In der Region gibt es durchaus hin und wieder Morde an Siedlern durch Angehörige von Amazonasvölkern, aber andersrum ist es üblicher. Morde innerhalb der Siedlerpopulation sind noch häufiger. Entweder vertuschen die Tenharim hier eine Tat ihrer Angehörigen, oder die Polizei versucht, ihnen im Interesse von Holzfällern und Großgrundbesitzern den Dreifachmord in die Schuhe zu schieben. Für eine weiterführende Darstellung siehe Castilho, 2014, und Fischermann & Lichterbeck, 2014.

42 Auch dieser Fall muss als unaufgeklärt gelten. Ivan Tenharim wurde von der Polizei und von anderen Quellen ein Alkoholproblem nachgesagt, andererseits war er ein sicherer Fahrer. Es hatte Drohungen gegen ihn gegeben. Unmittelbar nach dem Tod spekulierte der Leiter der örtlichen Indianerschutzbehörde öffentlich über einen gewaltsamen Tod. Die Polizei fand dafür keine Belege und wertet den Tod als Unfall.

43 Die Aufteilung in zwei Clans ist eines der wesentlichen Ordnungsprinzipien der Gesellschaft bei den Tenharim. Man kann zum Clan der *mutum* gehören, der Wildhühner, oder zum Clan der *taravé*, der Adler. *Mutum* sind eher Krieger und Häuptlinge, *taravé* sind eher Schamanen und Kulturmeister. Heiraten darf ein Tenharim nur Angehörige des jeweils anderen Clans, die Kinder nehmen die Clanzugehörigkeit des Vaters an. Siehe Peggion, 1996.

44 Vom Balatabaum (*Manilkara bidentata*).

45 60 Euro zum Zeitpunkt des Gesprächs.

46 18 Euro zum Zeitpunkt des Gesprächs.

47 Der *pedágio* der Tenharim an der Transamazônica hat wohl am meisten dazu beigetragen, dass die Spannungen mit den Anwohnern der umliegenden Ortschaften in den vergangenen Jahren eskalierten. Ihn zu erheben war illegal, aber Polizei und Indianerschutzbehörde ignorierten das weitgehend – auch mit einem fairen Blick auf die Tatsache, dass für die Feinde der Tenharim anscheinend wenige Regeln gelten, dass Lastwagen ohne Nummernschilder fahren, Sägewerke ohne Genehmigung betrieben werden und so weiter. Diese Gegend im Amazonaswald ist ein Land ohne Gesetz. Lokalpolitisch betrachtet war der Wegzoll dennoch ungeschickt. Holzfäller und Großgrundbesitzer, denen es eigentlich um das Land der Tenharim geht, konnten hier mit der einfachen Bevölkerung in den Kleinstädten ringsherum Schulter schließen. Die Preise für die Durchfahrt am *pedágio* waren hoch, allerdings nur etwa die Hälfte der Tarife, die der Häuptlingssohn hier nennt. Nach einer Berechnung, die von Funktionären der Indianerschutzbehörde bestätigt wurde, nahmen die Tenharim im Monat umgerechnet 13 000 Euro ein, also etwa 13 Euro pro Einwohner, und das Geld wurde teilweise für Gemeinschaftsprojekte verwendet und teilweise Familien ausgezahlt. Weitere Dokumentation bei Cheney, 2015.

48 Dieser Fall ist in Polizeiunterlagen dokumentiert und von Teilnehmern der missglückten Razzia so bestätigt worden. Vergleiche für eine weitere Schilderung aufgrund anonym zitierter Polizeiquellen auch Cheney, 2015.

49 Etliche solcher Vorgänge spielen sich derzeit in Brasilien ab, die größte Medienpräsenz erhielten Vorfälle bei den Guaraní-Kaiowá und bei den Pataxós, doch Indianerschützer gehen davon aus, dass heute in Brasilien eine Vielzahl gewaltsamer Angriffe und Genozide im Verborgenen stattfindet. Siehe dazu Conselho Indigenista Missionário, 2016, sowie Hecht & Cockburn, 2011; Leonel, 1995; Cheney, 2015.

50 Ausführlich dokumentiert bei Leonel, 1995, in jüngerer Zeit sind neue Fälle hinzugekommen.

51 Die «Schlacht von Humaitá», die an zwei Schauplätzen vor der Indianerbehörde in Humaitá spielte und später vor dem Marmelos-Dorf, ist hier ohne Übertreibungen wiedergegeben, wenngleich natürlich aus der einseitigen Perspektive der Tenharim. Der Autor Fischermann hatte damals zeitnah dazu vor Ort recherchiert und u. a. den Häuptling von Marmelos, Vertreter der Ortschaft «180» und Mitarbeiter der Indianerschutzbehörde FUNAI vernommen. Eine gut recherchierte und ausführlichere Beschreibung durch einen regionalen Reporter findet sich bei Castilho, 2014.

52 Macaxeira, eine besonders gut essbare Art Maniok (*Manihot esculenta*) mit geringem Giftanteil. Das Erzählte ist natürlich eine botanische Un-

möglichkeit. Der Erzähler hat den Umstand, dass es eine Maniokpflanze war, aber besonders betont, und es soll hier unaufgelöst stehen bleiben.

53 Es war nicht möglich, zu dieser Fruchtbezeichnung aus der Tenharim-Sprache eine Entsprechung in den biologischen Lehrbüchern zu finden.

54 Auch hier kann die Artenbezeichnung aus der Tenharim-Sprache eine Fülle unterschiedlicher Spezies meinen, ein Abgleich war nicht möglich. Es handelt sich um einen winzigen und offenbar tiefschwarzen Frosch.

55 Die Kagwahiva-Indianer haben eine Tradition des Träumens bei Nacht und als Tagtraum, sie erzählen sich auch von ihren Träumen und deuten sie. Das Träumen wird als eine alternative Erlebnisebene verstanden, auf der tiefere Wahrheiten mitgeteilt werden. Auch die mythischen Erzählungen der Tenharim werden in einem Sinne als «Träume» verstanden. Dies ist in vielen schamanischen Kulturen so. Bei den Tenharim hat Kracke die Traumkultur untersucht und ihre linguistische Darstellung beschrieben (Kracke, 2009).

56 *Carapa guianensis.*

57 Wieder handelt es sich hier um eine indigene Bezeichnung für eine Pflanze und eine daraus gewonnene Medizin, für die keine bekannte Entsprechung gefunden werden konnte.

58 Eines von zahlreichen Gewächsen aus der Familie der Euphorbiaceae, die volkstümlich so bezeichnet werden. Auf Portugiesisch: «Sangue de Dragão».

59 Diese Formen des Kunsthandwerks sind bis heute lebendig bei den Tenharim. Eine ausführliche Darstellung findet sich bei Bruno, 2010.

60 Dass dieses System der Namensänderungen auch spätere Versuche der Behörden frustriert hat, ein Personenregister zu führen, beschreibt Peggion, 1996.

61 Es ist nicht gelungen, für diese Pflanzenbezeichnung aus der Tenharim-Sprache eine Entsprechung zu finden.

62 Die Kagwahiva-Sprachen gehören zu den wenigen auf der Welt, die eine grammatikalisch eigenständige Zeitform für das Träumen haben, vorwiegend realisiert durch einen Marker für den Beginn des Traumdiskurses («ahayhu-ji») und den laufenden Gebrauch der Zuweisung an eine Traumsphäre («ra'hú»). Siehe dazu Kracke, 2009.

63 Hier ist höchstwahrscheinlich die Ameisenart *Paraponera clavata* gemeint, die ein sehr starkes Gift erzeugt und in einigen indigenen Kulturen für Rituale eingesetzt wird.

64 Der Hintergrund ist, dass viele missionierende Kirchen aus dem Spektrum der Evangelikalen und Neupfingstler profitorientiert arbeiten. Sie bekehren ein Volk oder einen Teil eines Volkes und fordern bald zum Abtreten eines Zehntels des Familieneinkommens an die Kirche auf. Zur Zeit des Wegzolls haben sie bei den Tenharim Geld vermutet, im Augenblick

ist ihr Interesse gering. Bei der katholischen Kirche sind es Kapazitätsprobleme, für das Buch wurde beim Bischof in Humaitá und bei den katholischen Schwestern recherchiert, sie kümmern sich im Augenblick um andere Völker in der Region. Der Bischof ist zudem davon überzeugt, dass die Tenharim 2013 die drei Männer an der Straße umgebracht haben.

65 Siehe Kapitel 8.

66 In der Tat gibt es jugendlichen Alkohol- und Tabakkonsum im Hauptdorf der Tenharim und mindestens in einem weiteren Dorf, allerdings nicht im Sinne einer allgemeinen Abhängigkeit oder von alkoholischen Exzessen, wie man sie von anderen Indianervölkern kennt. Der Gebrauch von Alkohol beschränkt sich auf eine kleine Gruppe von vier oder fünf Jugendlichen und vier oder fünf Erwachsenen, so wie Madarejũwa das schildert, und wird von der Gemeinschaft innerhalb gewisser Grenzen geduldet. Frauen trinken offenbar nie (offen) Alkohol. Der insgesamt mäßige Alkoholkonsum der Tenharim trotz leichter Verfügbarkeit von Schnaps und Bier ist kürzlich wissenschaftlich untersucht und als Beispiel funktionierender Sozialkontrolle herausgehoben worden (da Silva Pereira, 2012). Historisch ist aus den siebziger und achtziger Jahren dokumentiert, dass fahrende Händler in der Region auch Schnaps an einige Tenharim lieferten (Kracke, 2009). Der Alkoholkonsum war offenbar rings um den Marmelos nie ein größeres Problem, aber in der Nähe der Minenbetriebe, in den Dörfern am Fluss Igarapé Preto, doch.

67 Das ist auch gut dokumentiert, etwa bei Nimuendajú, der die erste «Pazifizierung» der Kagwahiva-Völker begann (Nimuendajú, 1924). Er befriedete damals die Parintintin. Mit den Begrifflichkeiten muss man etwas aufpassen, weil damals mehrere Völker, auch die heutigen Tenharim, zu den Parintintin gezählt wurden.

68 Die Pirahã, eines der Nachbarvölker der Tenharim, kommen in dieser Kurzdarstellung – aus der Perspektive ihrer langjährigen Feinde Tenharim – sicher nicht recht zur Geltung. Der Autor Fischermann hat sich für das Buch mit Vertretern der Pirahã getroffen und Hintergrundgespräche mit der Indianerschutzbehörde und dem Sprachforscher Daniel Everett geführt sowie mit Lokaljournalisten in Humaitá. Auf dieser Grundlage kann bestätigt werden: Die heute nur noch inselartige Kultur und Sprache der etwa 300 verbliebenen Angehörigen des Pirahã-Volkes erschwert ihnen den Kontakt mit anderen Völkern und mit der Welt der Weißen, den sie freilich auch nur bedingt suchen. Sie leiden erheblich unter Invasionen durch Raubfischer und -jäger, Holzfäller und Goldsucher, und sie erhalten wenig Hilfe beziehungsweise Hilfe von zweifelhafter Qualität durch die Indianerschutzbehörde FUNAI und die Gesundheitsbehörde SESAI. Andere Völker der Region wie die Tenharim können ihre Interessen gegen-

über Regierung und Behörden offenbar viel wirksamer artikulieren. Vergleiche für eine ausführlichere Darstellung der Pirahã: Everett, 2008, oder Gonçalves, 2001.

69 Madarejúwa und die interviewten Häuptlinge der Tenharim sagen das so nicht, aber die Vorstellung eines bewirtschafteten Waldes im Indianergebiet ist nach der jetzigen Gesetzeslage nicht möglich – dies nach Auskunft der Indianerschutzbehörde und der Baumschutzbehörde Brasiliens. Das mag sich allerdings ändern, da in Brasilia Initiativen laufen, den (was das geschriebene Wort betrifft) strengen Waldschutz in den Indianergebieten auszuhöhlen.

70 Die frühere Zusammenarbeit der Tenharim mit mindestens einem Holzfäller ist in mehreren Interviews mit Häuptlingen bestätigt worden und dokumentiert bei Instituto Xavante, 2016. Die Extraktion soll zwei Jahre gedauert haben, 30 000 Bäume wurden demnach gefällt. In Gesprächen für dieses Buch mit Kontakten im Ort «180» wurde mehrfach behauptet, dass «die Indianer» einigen Holzfällern bis heute Stücke des Landes gegen Bezahlung zum Abholzen überlassen. Es ist vorstellbar, dass Häuptlinge aus einigen Dörfern das schon getan haben oder sogar heute noch tun, Anhaltspunkte dafür sind bei den Recherchen für dieses Buch nicht aufgetaucht, und es wurde von allen für dieses Buch interviewten Tenharim bestritten. Möglicherweise findet es bei den Dörfern nahe am Igarapé Preto oder im Sepoti-Gebiet statt, die für die Recherchen nicht besucht wurden. Ebenso vorstellbar ist, dass Holzfäller als Schutzbehauptung verbreiten, die Tenharim hätten ihnen Wald zum Abholzen überlassen.

71 Porto Velho ist die nächstgelegene Großstadt, die Hauptstadt des Nachbar-Bundesstaates Rondônia. Sie hat etwa 400 000 Einwohner und verzeichnet in den vergangenen Jahren ein rasantes Wirtschaftswachstum, gerade auch durch die Abholzungswirtschaft in der Region.

72 Die Information über die «Isolierten» auf dem Gebiet der Tenharim ist mit etwas Vorsicht zu genießen. Es gibt keinen zweifelsfreien Beweis dafür, dass diese Gruppe bis heute lebt, es ist aber sehr wahrscheinlich. Die Tenharim behaupten dies geschlossen, und eine Studie des Instituts Xavante (Instituto Xavante, 2016), im staatlichen Auftrag durchgeführt von Anthropologen, Biologen und Umweltingenieuren, bestätigte noch 2016 anhand verschiedener Indizien ihre Präsenz im Wald. Ein örtlicher Vertreter der Indianerschutzbehörde FUNAI bestätigte im Gespräch, dass man davon ausgehe, dass eine unkontaktierte Gruppe nomadisch auf dem Gelände überlebe, und der Anthropologe und Tenharim-Fachmann Edmundo Peggion äußerte in einem Gespräch «keine Zweifel» daran. In den Amazonaswäldern werden nach wie vor isoliert lebende Völker entdeckt, auch in der Gegend, in der die Tenharim zuhause sind; häufig

waren das zuletzt nachgewiesenermaßen Kagwahiva-Gruppen, die offenbar eine überaus starke Überlebensfähigkeit unter diesen Bedingungen aufweisen. Manchmal sind diese Völker winzig, sie überleben als Nomadengruppen von acht, zwölf oder 20 Menschen. Das Gebiet der Tenharim ist allemal groß genug dafür. Siehe weiterführend: Wallace, 2011; Leonel, 1995. Vorsicht ist deshalb angebracht, weil wegen des geplanten Staudammbaus ein politisches Interesse daran bestünde, ein schützenswertes Mini-Volk auf dem Tenharim-Gelände herbeizureden. Bei anderen Völkern in anderen Kontexten hat sich das als hilfreiches Druckmittel erwiesen.

73 Diesen Begriff haben die Tenharim sicher aus dem Sprachgebrauch der Indianerschutzbehörde FUNAI übernommen. Zum Verständnis ist es wichtig, dass die Anthropologen der FUNAI bei «isolierten» oder «ohne Kontakt lebenden» Völkern davon ausgehen, dass der Kontakt vonseiten der indigenen Gruppen nicht gewollt wird. Es liegt nicht am Unwissen über die Existenz der Weißen oder an grundsätzlicher Unfähigkeit, mit ihnen in Kontakt zu treten. Auch ist davon auszugehen, dass gewaltsame oder sonst unerstrebenswerte Kontakte zu anderen Weißen schon stattgefunden haben, die aber nicht die Regierung vertreten – zu Wilderern, Holzfällern, Goldsuchern und so weiter.

74 Das wurde unabhängig auch nochmal überprüft, im Gespräch mit dem Häuptling Pedro Jiahui und zwei Kindern aus dem Dorf, die offenbar als Pajés ausgebildet wurden. Auch die katholischen Schwestern in Humaitá haben bestätigt, dass die Jiahui bis heute Pajés ausbilden, sie glaubten auch selber an deren spirituelle Kräfte. Mit der angeblichen Zauberin des Volkes an der Straße war kein Gespräch möglich.

75 Der Konflikt der Tenharim mit den Jiahui ist gut dokumentiert, siehe zum Beispiel Peggion, 2005, und über die weiter zurückliegende Geschichte findet sich einiges bei Nimuendajú, 1948. Bei dem hier geschilderten Zusammenstoß schien es sich eher um eine Hinrichtung gehandelt zu haben, und zwar ausschließlich des Anführers und Schamanen der Jiahui, was allerdings zur Flucht der verbliebenen Angehörigen dieses Volkes in die Wälder führte. Gruppen von Jiahui haben bis zum Ende der sechziger Jahre isoliert in den Wäldern gelebt, stets auf der Hut vor den Tenharim, mit denen es immer wieder Zusammenstöße gab. Madarejúwa und alle Tenharim-Quellen erzählen die Geschichte so, wie hier dargestellt, doch gibt es auch andere Darstellungen durch Forscher, die dem Gebrauch von Feuerwaffen eine Rolle zuschreiben. Die Tenharim hatten demnach zu der Zeit Gewehre und Munition von ihrem brasilianischen Gast Delfim erhalten. Anthropologen haben seinerzeit Augenzeugenberichte aufgezeichnet, die das belegen. Den Gebrauch von Feuerwaffen stritten die Alten im

Gespräch ab, doch sie sind keine ganz verlässliche Quelle, weil sie die Vergangenheit womöglich beschönigen. Hier wird, wie insgesamt im Buch, der Darstellung Madarejúwas und der interviewten Tenharim gefolgt.

76 Tatsächlich glaubt der brasilianische Anthropologe Edmundo Antonio Peggion, der besonders umfangreich bei den Tenharim geforscht hat, «dass die gesamte Region, die von den Kagwahiva in den vergangenen zwei Jahrhunderten bevölkert war, eine Bühne für immer neue Bündnisse und Zerwürfnisse zwischen zusammenwohnenden Gruppen war» (Peggion, 1996).

77 Dass dies keine Geschichten aus längst vergangener Vorzeit sind, betont der Anthropologe Peggion (Peggion, 1996). Er rekonstruiert das Ritual des Umgangs mit den Köpfen der Widersacher und dem Verzehr von Menschenfleisch am Beispiel eines getöteten Weißen. Es fand unter Anwesenheit des späteren Häuptlings Kwahã statt, der zur Generation des Großvaters von Kikí gehört; er ist also vier Generationen von Madarejúwa entfernt.

78 Dem Wunsch der Tenharim wird hier natürlich entsprochen. Die diversen Kriegsvorführungen der Tenharim bei den Gesprächen für dieses Buch und bei den Festivals lassen einige Rückschlüsse auf die Kriegstaktiken der Tenharim zu, und aus nicht zitierfähigen Hintergrundgesprächen kann zumindest bestätigt werden, dass die Tenharim über einen umfangreichen Corpus an strategischen und taktischen Kriegsmethoden verfügen. Der vielgereiste Ethnologe Nimuendajú stellte in den 1920er Jahren fest, dass die Kagwahiva-Völker eine ungewöhnlich hohe Geschwindigkeit beim Angreifen wie bei der anschließenden Flucht erreichen, dass ihr Kriegsschrei lähmende Schockwirkung haben kann («Wenn drei Indios so schreien, wirkt es schon wie eine ganze Armee») und dass Verfolger bisweilen in zuvor gebaute tödliche Fallen gelockt werden (Nimuendajú, 1924).

79 Keine Entsprechung dieses Ausdrucks aus der Tenharim-Sprache gefunden.

80 Die Buntbarsche (aus der Gattung *Cichla*) in der Gegend des Marmelos-Flusses nehmen beeindruckende Maße an.

81 Surubim-Fisch, eine große Welsart (aus der Gattung *Pseudoplatystoma*).

82 Aus der Gattung *Penelope.*

83 Trompetervögel (aus der Gattung *Psophia*).

84 Großtinamu, wissenschaftlich *Tinamus major*. «Inhambu de Cabeca Vermelha» auf Portugiesisch.

85 Der Traíra-Fisch ist ein mittelgroßer Raubfisch, der nachts gefangen wird (aus der Gattung *Hoplias*).

86 Hechtbuntbarsche (aus der Gattung *Crenicichla*).

87 Skalare (aus der Gattung *Pterophyllum*).

88 Brycon-Fische (aus der Gattung *Brycon*).

89 Samen aus der Frucht der Babassu-Palme (lat. *Attalea speciosa*). Der Begriff «Babassu-Nuss» ist daher aus botanischer Sicht etwas verwirrend, diese Übersetzung ins Deutsche ist aber üblich, insbesondere im Werkstoffhandel und in der Kosmetik («Babassu-Nussöl»), die hier einschlägig ist.

90 Zum Zeitpunkt des Manuskriptabschlusses war der Tabajara-Staudamm am Machado-Fluss im Planungsstadium, aber (noch) nicht von den Behörden genehmigt. 2010 wurde mit den Planungen und Vorbereitungen begonnen, unter anderem durch die Verkleinerung und Umwidmung von Naturschutzgebieten. Die indigenen Völker der Region wie die Tenharim wurden jahrelang nicht zu Anhörungen und Informationsveranstaltungen eingeladen, obwohl das Projekt etwa 70 Kilometer nah an das südliche Ende ihres Landes heranreichen wird. Erst nach massivem Protest gab es 2013 eine Vorstellung des Projekts für Häuptlinge in Humaitá. Die Interessenvertretung des Tenharim-Volkes APITEM fordert eine genauere Untersuchung darüber, wie gefährdet ihr Land durch den Staudamm ist. In den technischen Unterlagen der Planer steht nichts von einer Überflutung des Tenharim-Gebiets, aber dort ist von einer 20-prozentigen «Fehlermarge» die Rede. Betroffen wären nach Ansicht der Tenharim-Vertreter unter anderem das Quellgebiet des Marmelos, des Igarapé Preto und etliche Kastanienhaine, auch dort, wo der isolierte Volksteil der Tenharim leben soll. Die Tenharim und andere Völker in der Gegend befürchten außerdem mit Blick auf vergleichbare Projekte an anderen Orten, dass die Bauarbeiten viele Arbeiter anlocken würden, die hinterher als Goldschürfer oder Holzfäller in ihren Gebieten ihr Glück suchen könnten. Solche Erfahrungen wurden anderso gemacht. Vgl. Instituto Xavante, 2016.

91 Kikí Tenharim, der hier die Quelle ist, wird von der Leiterin des Herbariums im Botanischen Garten in Rio de Janeiro recht gegeben, mit der für dieses Buch gesprochen wurde. Die brasilianische Regierung hat sich das Ziel gesteckt, bis 2020 einen aktuellen Katalog aller Pflanzenarten im Land zu erstellen, das Projekt heißt «Flora do Brasil». Doch im Amazonasgebiet schätzen die Forscher, dass sie nur wenige Prozent aller Spezies kennen.

92 Rund 3000 Kilometer.

93 Der außergewöhnlich konsensuale Führungsstil von Kagwahiva-Führungskräften wurde in den siebziger Jahren ausführlich von Kracke untersucht (Kracke, 1979).

94 Madarejúwa vereinfacht die Heiratsregeln hier etwas. Das wesentliche Verbot betrifft tatsächlich die Hochzeit innerhalb der Clans, aber in der Praxis ist es komplizierter. Hochzeiten innerhalb des gleichen Clans kön-

nen erlaubt sein, wenn das Paar sehr weit voneinander wohnt, also aus zwei fern gelegenen Dörfern stammt. Erst recht sind solche Hochzeiten mit anderen Kagwahiva-Völkern wie den Parintintin erlaubt, obwohl dort die gleichen oder vergleichbare Clans existieren. Die Clanzugehörigkeit spielt dann eine untergeordnete Rolle. Angehörige anderer Völker, Brasilianer aus der *sociedade* und Ausländer werden automatisch zum Clan der Adler gezählt, die Kinder eines männlichen Außenseiters sind also vom Adlerclan, bei den Kindern einer weiblichen Außenseiterin entscheidet wieder die Clanzugehörigkeit des Mannes. Siehe Peggion, 1996. Vergleichbare Systeme von Heiratsregeln sind bei vielen Völkern bekannt und auf unterschiedliche Weisen gedeutet worden, mal als System der Inzestvermeidung, mal als Ausdruck grundlegender psychologischer Bedürfnisse: Freud, 1913.

95 *Boa constrictor.*

96 Conselho Indigenista Missionário, 2016.

97 Die vier demarkierten, zueinander benachbarten Reservate der Tenharim habe ich hier zusammengezählt: Marmelos 1, Marmelos 2 (Gleba B), Sepotim und Igarapé Preto: gut 13 000 Quadratkilometer (Instituto Socioambiental (ISA), 2007). Schleswig-Holstein hat eine Fläche von über 15 000 Quadratkilometern. Die Tenharim beanspruchen zusätzlich noch mehrere nicht-demarkierte Übergangsbereiche in den Randlagen, so dass es näherungsweise hinkommt.

98 Instituto Xavante, 2016.

99 Falls ein Leser dies vertiefen möchte: Zum Zeitpunkt der Manuskriptherstellung war das Kagwahiva-Wörterbuch der Missionarinnen La Vera Betts und Helen Pease (Betts, 2012), das eine kleine Einführung in die Sprech- und Schreibweise enthält, kostenlos im Netz herunterzuladen: http://www-01.sil.org/americas/brasil/publcns/dictgram/KHDict.pdf. Allerdings kann dies nur einen ersten Eindruck geben, manche Informationen in diesem Lexikon sind offenbar überholt oder fehlerhaft. Eine kleine Einführung in die Sprache gibt auch Kracke, 1979.

100 Peggion, 1996, S. 20.

101 Nimuendajú, 1948.

102 Vergleiche Kracke, 1979, Seite 23.

103 Nimuendajú, 1948.

104 Peggion, 2006.

105 Kopenawa & Bruce, 2013; Ribeiro, 1978.

106 Bassnett & Trivedi, 1998; Jobs & Mackenthun, 2013; Niranjana, 1992.

Verwendete Literatur

Alfaro, J. W. (2012). How Different Are Robust and Gracile Capuchin Monkeys? An Argument for the Use of Sapajus and Cebus. *American Journal of Primatology* (00:1–14).

Alves Filho, P. E., & Milton, J. (2005). Inculturation and acculturation in the translation of religious texts: The translations of Jesuit priest José de Anchieta into Tupi in 16th century Brazil. *Target: International Journal of Translation Studies (vol. 17:2)*, S. 275–296.

Araujo Junior, J. J. (15. 1. 2014). *Ação Civil Pública, Com Pedido de Liminar*, Manaus.

Bassnett, S., & Trivedi, H. (Hrsg.). (1998). *Postcolonial Translation: Theory and Practice.* London: Routledge.

Betts, L. (2012). *Kagwahiva Dictionary.* Anápolis: Associação Internacional de Linguística (SIL Brasil).

Betts, L. V. (1981). *Dicionário Parintintin-Português Português-Parintintin.* Cuiabá: Sociedade Internacional de Linguística.

Blanes, R., & Espírito Santo, D. (Hrsg.). (2013). *The Social Life of Spirits.* Chicago: University of Chicago Press.

Bruno, A. C. (2010). *A Arte Plumária dos Povos Kagwahíva da Transamazônica: Etnias Tenharim, Parintintin e Diahoi.* Manaus: Editora INPA.

Butler, R. (23. Januar 2016). *Calculating Deforestation Figures for the Amazon.* Abgerufen am 11. Februar 2017 von Mongabay: http://rainforests.mongabay.com/amazon/deforestation_calculations.html

Carneiro da Cunha, M. (1998). Pontos de Vista sobre a Floresta Amazônica: Xamanismo e Tradução. *MANA (Vol 4:1)*, S. 7–22.

Castilho, A. (14. Januar 2014). *«Matar um índio para pegar uma índia».* Abgerufen am 26. Oktober 2016 von Agencia Publica: http://apublica.org/2014/01/matar-um-indio-para-pegar-uma-india/

Castilho, A. L. (13. Jan 2014). A batalha de Humaitá. *Apublica.*

Cheney, G. A. (2015). *Law of the Jungle: Environmental Anarchy and the Tenharim People of Amazonia (Bilingual Edition).* (D. Vidigal, Übers.) London: New London Librarium.

Conselho Indigenista Missionário. (14. Juni 2016). *Brasil – Quadro-Resumo das Terras Indígenas.* Abgerufen am 11. Februar 2017 von http://www.cimi.org.br/site/pt-br/?system=paginas&conteudo_id=5719&action=read

Conselho Indigenista Missionário. (2016). *Relatório Violência contra os Povos Indígenas: Dados de 2015*. Abgerufen am 11. Februar 2017 von http://cimi.org.br/relatorioviolencia2015/

da Silva Pereira, P. T. (2012). O processo de alcoolização entre os Tenharim das aldeias do rio Marmelos, AM, Brasil. *interface, vol. 16*, S. 957–966.

De Almeida Silva, A. (2010). *Territorialidades e Identidade do Coletivo Kawahib da Terra Indígena Uru-eu-wau-wau em Rondônia: »Orevaki Are« (Reencontro) dos »Marcadores Territoriais«*. Curitiba: Dissertation.

Everett, D. (2008). *Don't Sleep, There are Snakes: Life and Language in the Amazonian Jungle*. London: Profile Books.

Faleiros, Á. (2012). Apontamentos para uma poética xamânica do traduzir. *Eutomia (vol. 10:1)*, S. 309–315.

Fischermann, T. (27. August 2015). Im Rausch der Zerstörung: Tief im Amazonaswald wird illegal nach Gold gesucht. Eine Drecksarbeit für die Schürfer, ein Todesurteil für die Umwelt. Wer profitiert von diesem Geschäft? *Die ZEIT*.

Fischermann, T. (23. Februar 2016). Gesetz des Dschungels: Seit Jahrzehnten verteidigen die Tenharim-Indianer ein Stück Amazonaswald gegen Holzfäller, Viehtreiber und Goldschürfer. Jetzt stehen sie vor dem entscheidenden Krieg gegen den weißen Mann. *ZEIT Geschichte*.

Fischermann, T., & Lichterbeck, P. (27. November 2014). Der Kampf um die Lunge der Welt: Weiße Holzfäller zerstören den Amazonaswald. Wie drei Indianerstämme versuchen, sie daran zu hindern. *ZEIT Magazin*.

Freud, S. (1913). *Totem und Tabu: Einige Übereinstimmungen im Seelenleben der Wilden und der Neurotiker*. Wien: Internationaler Psychoanalytischer Verlag.

Fundação Nacional do Índio (FUNAI). (2017). *Povos Indígenas Isolados e de Recente Contato*. Abgerufen am 11. Februar 2017 von http://www.funai.gov.br/index.php/nossas-acoes/povos-indigenas-isolados-e-de-recente-contato

Garfield, S. (2013). *In Search of the Amazon: Brazil, the United States, and the Nature of a Region*. Durham, NC: Duke University Press.

Gonçalves, M. A. (2001). *O Mundo Inacabado. Ação e Criação Em Uma Cosmologia Amazônica*. Rio de Janeiro: Editora UFRJ.

Guimarães Rosa, J. (1969/81). *Mein Onkel der Jaguar* (2008 Ausg.). (C. Meyer-Clason, Übers.) Berlin: trafo.

Hecht, S., & Cockburn, A. (2011). *The Fate of the Forest: Developers, Destroyers, and Defenders of the Amazon, Updated Edition*. Chicago: University of Chicago Press.

Instituto Nacional de Pesquisas Espaciais. (2016). *Projeto Predes: Monitoramento da Floresta Amazônica Brasileira por Satélite*. Abgerufen am 11. Februar 2017 von http://www.obt.inpe.br/prodes/index.php

Instituto Socioambiental (ISA). (2007). *Povos Indígenas no Brasil 2001/2005*. (B. Ricardo, & F. Ricardo, Hrsg.) São Paulo.

Instituto Xavante. (2016). *Plano de Gestão Ambiental e Territorial Terra Indígena Tenharim Marmelos.* Manaus: Editora Bookdesign.

Jobs, S., & Mackenthun, G. (2013). *Agents of Transculturation: Border-Crossers, Mediators, Go-Betweens (Cultural Encounters and the Discourses of Scholarship).* Münster: Waxmann.

Koch-Grünberg, T. (1927). *Indianermärchen aus Südamerika* (Berliner 2014 Ausg.). Jena: Holzinger.

Kopenawa, D., & Bruce, A. (2013). *The Falling Sky: Words of a Yanomami Shaman.* (N. Elliott, & A. Dundy, Übers.) Boston: Harvard University Press.

Kracke, W. H. (1979). *Force and Persuasion: Leadership in an Amazonian Society.* Chicago: University of Chicago Press.

Kracke, W. H. (Winter 1981). Kagwahiv Mourning: Dreams of a Bereaved Father. (S. f. Anthropology, Hrsg.) *Ethos*, S. 258–275.

Kracke, W. H. (Juni 1988). Kagwahiv Mourning II: Ghosts, Grief, and Reminiscences, vol. 16. *Ethos*, S. 209–222.

Kracke, W. H. (Spring 2009). Dream as Deceit, Dream as Truth: The Grammar of Telling Dreams. *Anthropological Linguistics, vol. 51*, S. 64–77.

Leonel, M. (1995). *Etnodicéia Uruéu-au-au: O Endocolonialismo e os Índios no Centro de Rondônia.* (I. d. Fapesp, Hrsg.) São Paulo: Editora da Universidade de São Paulo.

Lévi-Strauss, C. (1955). *Tristes Tropicques* (revidierte 2012 Ausg.). (J. Weightman, & D. Weightmann, Übers.) London: Penguin Classics.

Lévi-Strauss, C. (1962/1968). *Das wilde Denken.* (H. Naumann, Übers.) Frankfurt: Suhrkamp.

Lévi-Strauss, C. (1978). *Myth and Meaning.* London: Routledge.

Menéndez, M. A. (1987). A presença do Branco na Mitologia Kawahiwa: História e Identidade de um Povo Tupi. *Revista de Antropologia, vol. 30/32*, S. 331–353.

Nimuendajú, C. (1924). Os índios Parintintin do Rio Madeira. *Journal de la Société des Américanistes, v. 16*, S. 201–278.

Nimuendajú, C. (1948). The Cawahib, Parintintin, and their Neighbors. In J. H. Steward (Hrsg.), *Handbook of South American Indians, v. 3*, S. 283–297. Washington: Smithsonian Institution: Bureau of American Ethnology.

Niranjana, T. (1992). *Siting Translation: History, Post-Structuralism, and the Colonial Context.* Oakland: University of California Press.

Pease, H. (1968/2007). *Parintintin Grammar.* Porto Velho: Associação Internacional de Linguística (SIL Brasil).

Peggion, E. A. (1996). *Forma e Função: Uma etnografia do sistema de parentesco Tenharim (Kagwahív, AM).* Dissertation. Campinas.

Peggion, E. A. (Januar 1999). *Enciclopédia dos Povos Indígenas no Brasil: Tenharim.* (I. Socioambiental, Hrsg.) Abgerufen am 8. Februar 2017 von http://pib.socioambiental.org

Peggion, E. A. (2005). *Relações em perpétuo desequilibrio: A organização dualista dos povos Kagwahiva da Amazônia.* São Paulo: USP.

Peggion, E. A. (2006). Ritual e vida cotidiana no Sul do Amazonas: Os Tenharim do Rio Marmelos. *Perspectivas, v.29*, S. 149–168.

Pereira, M. N. (1967). *Moronguêta: Um Decameron Indígena.* Rio de Janeiro: Civilização Brasileira.

Red Amazónica de Información Socioambiental Georreferenciada (RAISG) (2015). *Deforestación en la Amazonía (1970–2013).* Abgerufen am 11. Februar 2017 von https://raisg.socioambiental.org/

Ribeiro, D. (1978). *Maíra* (englische Ausg. 1985). (E. Goodland, & T. Colchie, Übers.) London: Picador.

Schwade, E. (6. Januar 2014). *Os Tenharim, a ditadura e seus interesses na região.* Abgerufen am 14.2.2017 von Instituto Humanitas Unisinos: http://www.ihu.unisinos.br/noticias/526972-os-tenharim-a-ditadura-e-seus-interesses-na-regiao

Staden, H. (1557). *Brasilien: Warhaftige Historia und beschreibung eyner Landtschafft der Wilden / Nacketen / Grimmigen Menschfresser Leuthen* (Faksimile Ausg.). Marburg: Amazon.

Villada Castro, C. (2016). Multiplicar Outros: Tradução em Perspectiva Ameríndia. *Belas Infiéis (vol. 5:1)*, S. 183–195.

Viveiros de Castro, E. (2002). *A Inconstância da alma selvagem – e outros ensaios de antropologia.* São Paulo: Cosac & Naify.

Viveiros de Castro, E. (2004). Perspectival Anthropology and the Method of Controlled Equivocation. *Journal of the Society for the Anthropology of Lowland South America (vol. 2:1)*, S. 3–22.

Wallace, S. (2011). *The Unconquered: In Search of the Amazon's Last Uncontacted Tribes.* New York: Broadway Books.

Wycliffe Bible Translators, Inc. (1996). *Tupana'ga nhi'iga: New Testament in Tenharim (BR:pah:Tenharim).* High Wycombe.